처음 읽는
여성 철학사

처음 읽는 여성 철학사

초판 1쇄 인쇄 2022년 6월 23일

초판 1쇄 발행 2022년 6월 30일

지은이 리베카 벅스턴·리사 화이팅 외

옮긴이 박일귀

펴낸이 이효원

편집인 김사라

디자인 김성엽의 디자인모아

펴낸곳 탐나는책

출판등록 2015년 10월 12일 제 2021-000142호

주소 경기도 고양시 덕양구 삼송로 222, 101동 305호(삼송동, 현대헤리엇)

전화 02-381-7311 **팩스** 02-381-7312

전자우편 tcbook@naver.com

ISBN 979-11-89550-70-7 (03900)

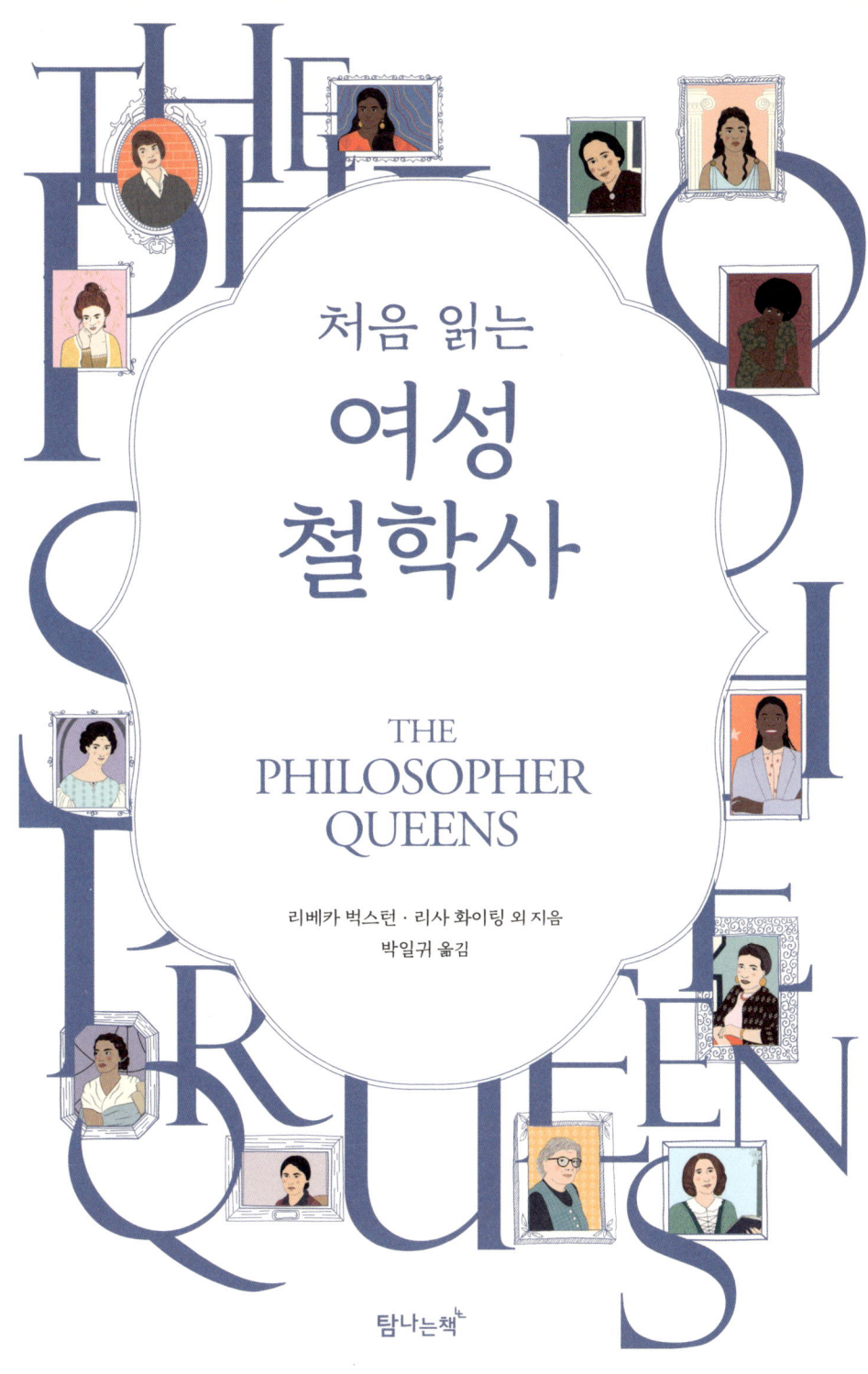

처음 읽는

여성
철학사

THE
PHILOSOPHER
QUEENS

리베카 벅스턴 · 리사 화이팅 외 지음
박일귀 옮김

탐나는책

차례

플라톤(Platon)의 《국가(Republic)》를 페미니즘 철학을 다룬 작품으로 생각하는 사람들은 많지 않다. 그러나 플라톤은 '남성뿐 아니라 여성도 이상적인 도시국가를 통치할 수 있다'고 말했다. 그만큼 그의 생각은 시대를 앞서갔다.

플라톤은 소크라테스(Socrates)의 입을 빌려 '재능 있고 지적인 여성들도 남성들과 함께 군주가 되어야 한다'고 주장했다. 여기서 플라톤이 제시한 '철인왕(Philosopher Kings)'은 백성을 철학적으로 완벽하게 계몽하고 도시를 조화롭게 만드는 이상적인 통치자를 말한다.

그로부터 2,000여 년이 지난 지금, 철학은 남성의 전유물로 여겨지고 있다. 여성도 훌륭한 철학자가 될 수 있다는 플라톤의 예견이 이루어지지 않은 듯 보인다. 요즘 나오는 철학책이나 철학 강의만 봐도 그렇다. 여성은 철학사에서 그다지 공평하게 다뤄지지 않는다.

일례로《철학: 100명의 주요 사상가들(Philosophy: 100 Essential Thinkers)》(2002)에는 메리 울스턴크래프트(Mary Wollstonecraft)와 시몬 드 보부아르(Simone de Beauvoir) 두 명의 여성만 등장한다.《위대한 철학자들: 소크라테스부터 튜링까지(The Great Philosophers: From Socrates to Turing)》(2000)에는 여성 철학자가 단 한 명도 언급되지 않는다. 이 책은 현대 철학자가 집필했음에도 불구하고 모두 남성 철학자만 다뤘다. 제목을 말 그대로《철학의 역사(The History of Philosophy)》(2019)로 내세운 A. C. 그레일링(Anthony Clifford Grayling)의 책에서도 여성 철학자를 찾아보기 힘들다. 세 쪽 반에 걸쳐 '페미니즘 철학'을 간략히 소개한 곳에서 여성 철학자는 마사 누스바움(Martha Nussbaum) 한 명만 등장할 뿐이다. 이제 독자 여러분도 우리가 무슨 말을 하려는지 어느 정도 감이 잡히기 시작할 것이다.

철학을 다룬 책들이 적게 출간되기 때문에 이러한 괴리가 생기는 건 아니다. 오히려 《골프와 철학: 골프장에서 배우는 지혜(Golf and Philosophy: Lesson from the Links)》(2010)나 《아리스토텔레스와 땅돼지, 워싱턴으로 가다(Aristotle and an Aardvark go to Washington)》(2008), 《사르트르와 서핑하기(Surfing with Sartre)》(2018)처럼 다양한 주제의 철학책이 출간되고 있다. 하지만 위대한 여성 철학자에 관한 책은 거의 없다. 그나마 20여 년 전에 그 역시 위대한 여성 철학자인 메리 워녹(Mary Warnock)이 쓴 《여성 철학자들(Women Philosopher)》(1996)이라는 책 한 권이 눈에 띌 뿐이다.

그동안 여성들은 역사적으로 교육에서 배제되었고, 따라서 철학을 비롯한 대부분의 학문 분야에서 두각을 드러낼 수 없었다. 영국에서는 1880년에 최초로 여성 네 명이 런던대학교에서 졸업장을 받았다. 케임브리지대학교는 1948년이 되어서야 비로소 모든 학부 과정에서 여성의 입학을 허용했다. 이런 제도적인 배제는 곧 사회가 여성들의 사고와 자유를 최소한으로 제한한다는 것을 의미했다.

하지만 지금은 2019년이고 모든 것이 지난 세기보다 확실히 나아졌다. 이전보다 더 많은 여성들이 철학을 전공해 학위를 받고 있고, 대부분의 대학교 학부 과정에서는 남학생보다 여학생을 더 많이 볼 수 있다.

이러한 발전에도 불구하고 남녀의 불균형은 여전하다. 철학과에서 여성 교수가 절반을 차지하는 대학교는 거의 찾아보기 힘들다. 2015년 미국 상위 20위 대학교에서 철학 교수 중 여성이 차지하는 비율은 22퍼센트에 불과했다. 철학의 일부 분야에서는 1970년대 이후로 여성 철학자가 단 한 명도 증가하지 않았다. 더 많은 젊은 여성들이 처음으로 남성의 철학 세계로 뛰어들고 있지만, 그렇다고 더 많은 여성들이 주도권을 잡고 있는 것은 아니다. 마찬가지로 일부 여성들이 강의도 하고 교수도 되지만, 그들 중에는 백인 여성이 압도적으로 많다. 유색인 여성은 여전히 철학 분야에서 거의 빛을 보지 못하고 있다. 애니타 L. 앨런(Anita LaFrance Allen) 교수는 〈뉴욕타임스(New York Times)〉에서 진행한 〈철학 분야 흑인 여성들의 아픔과 가능성〉이라는 제목의 인터뷰에서 이렇게 말했다.

미국의 철학과 전임교수 중 흑인은 고작 1퍼센트뿐이며, 이 가운데 여성은 17퍼센트에 불과하다.

우리의 저자 중 두 명이 대학교에서 철학을 공부하고 있을 때도, 철학과에서 여성들은 활발하게 활동하지 못하고 있었다. 여성 교수의 강의는 손에 꼽을 정도였다. 지난 수백 년간 대학교 철학 강의는 남성이 독점해왔다.

강의에서 다루는 주요 철학자 목록만 봐도 여성은 극소수거나 아예 존재하지 않았다. 주요 철학자는 플라톤, 아리스토텔레스(Aristoteles), 데카르트(René Descartes), 홉스(Thomas Hobbes), 로크(John Locke), 흄(David Hume), 루소(Jean Jacques Rousseau), 칸트(Immanuel Kant), 밀(John Stuart Mill), 니체(Friedrich Wilhelm Nietzsche), 사르트르(Jean Paul Sartre), 롤스(Charles Stewart Rolls) 등이다. 여성은 간략히 언급되는데, 그마저도 남성의 조력자 정도로 다루거나 (운이 좋으면) '여성 철학자들'을 한 파트로 두루 묶어 다루기도 한다. 다른 중요한 철학자들의 목소리를 포함하여 커리큘럼의 다양화를 시도할 때면, 언론에서 대학교 철학과를 향해 비난을 쏟아내는 경우도 드물지 않다.

이러한 불만에도 불구하고 희망을 가지는 이유는 많다. 학문 연구자들이 괄목할 만한 작업을 진행하고 있기 때문이다. 다음 세대를 위해 여성 철학사를 되살리고 여성 철학자들의 목소리와 관점을 지켜나가고 있다. '철학사의 새

로운 내러티브(The New Narratives in the History of Philosophy)'
그룹과 '프로젝트 복스(Project Vox)'는 1500~1800년 근세
여성 철학자들의 작품을 선보인다. 미국여성철학회(SWIP)
는 여성 철학 증진을 위해 여러 이벤트와 멘토링 프로그램
을 진행한다. 독일 파더본대학교의 여성 철학사 및 과학사
연구센터는 매년 여름학교를 열어 여성들이 사상사에 남
긴 위대한 업적을 가르친다. 영국 더럼대학교의 인 퍼렌더
시스(In Parenthesis) 프로젝트에서는 옥스퍼드대학교의 여
성 철학자인 메리 미즐리(Mary Midgley), 아이리스 머독(Iris
Murdoch), 엘리자베스 앤스컴(Elizabeth Anscombe), 필리파 풋
(Philippa Foot)의 작품을 연구하고 보관한다. 이 모든 작품은
여성 철학자가 전혀 새로운 존재가 아니라는 사실을 보여
줌으로써, 여성 철학에 방해가 되는 장애물을 무너뜨리는
데에 도움을 준다.

사실 처음부터 여성 철학자들은 우리 곁에 계속 존재해
왔다. 그러나 안타깝게도 철학에 대한 대중의 인식을 바꾸
려면 아직 갈 길이 멀다. 이 책의 홍보 동영상을 찍으면서
우리는 일반 시민들에게 자신이 알고 있는 유명한 철학자
들을 말해보라고 질문했다. 예상하던 이름들(남성 철학자들)
을 대답하자, 우리는 또다시 생각나는 여성 철학자가 있는

지 물어보았다. 우리가 만난 사람들 중 단 한 명도 여성 철학자의 이름을 답하지 못했다.

《처음 읽는 여성 철학사》는 이 같은 대중의 인식을 바꾸기 위해 세상에 나왔다. 이 책은 의도적으로 '철학자'의 정의를 넓게 적용했다. 상당수의 여성이 활동가나 '배운 여자' 정도로 취급되면서 철학 분야에서는 배제되어왔기 때문이다. '철학자'라고 하면 안락의자에 앉아 생각에 깊이 잠겨 있는 백인 남성 철학자의 이미지가 매우 강하다. 그러나 이제는 이런 여성들도 '철학자'로 부를 만큼 지적인 엄격함과 통찰력을 가져야 할 때가 되었다.

이 책의 저자들은 자신만의 독특한 생각과 경험, 이야기를 가진 다양한 배경의 사람들로 구성되어 있다. 여기서 다루는 여성 철학자들은 복잡하고 도전적이며 때로는 고무적이고 가끔은 문제적인 부분도 있다. 하지만 이들은 모두 우리가 철학을 이해하는 데에 중요한 요소를 제공한다. 일부 철학자는 여러분이 이미 들어보거나 배웠을지도 모른다. 또 어떤 철학자는 이 책을 통해 처음 접할 것이다. 관심이 가는 철학자부터 읽어도 되고, 시간순으로 읽어도 된다. 선택은 여러분의 마음이다.

물론 이 책에서 다루지 못한 여성 철학자들 역시 많다. 그들은 이 책의 마지막 〈그리고, 조금 더 추천하고 싶은 여성 철학자들〉에 정리해두었으므로 확인해볼 수 있다. 그들의 인생과 업적은 독자 여러분이 스스로 찾아보기를 권한다.

철학을 공부하고 싶거나 여성 철학자에 관심이 생겼다면, 이 책이 지성사에 크게 기여한 수많은 여성 철학자들을 공부하는 데에 도움이 될 것이다. 여러분도 우리만큼 이 여성 철학자들을 많이 알아가길 바란다.

리베카 & 리사

소크라테스는 '만티네이아의 디오티마에게 사랑의 철학을 배웠다'고 말했다. 그리고 디오티마를 지혜로운 여성이자 철학자이자 예언자로 묘사했다. 디오티마를 소개하면서 '그녀가 아테네의 역병을 예언하고 시민들에게 희생제를 행하도록 지시해 재앙을 막는 데에 성공했다'고 주장한다. 그래서 디오티마라는 인물은 예언이나 선견지명과 연결되기도 한다.

디오티마

Διοτίμα, Diotima

고대 그리스, 기원전 400년 무렵

조이 알리오지(Zoi Aliozi) 글

디오티마

서양 철학의 창시자로 알려진 플라톤이 소크라테스의 대화 상대로서 한 여성을 언급했다는 사실을 말한다면 누군가는 놀라워할 것이다. 플라톤의 유명한 작품 〈향연(Symposium)〉에는 소크라테스가 만티네이아 출신의 디오티마와 함께 사랑과 아름다움의 본질에 관해 토론하는 장면이 등장한다. 그러나 디오티마는 실존하지 않았던 가상 인물이라고 주장하는 사람이 많아 여전히 미스터리로 남아 있다. 그렇다 보니 디오티마가 철학사에 남긴 공헌 중 많은 부분이 가려져 있고, 제대로 인정받거나 이해되지도 않았다. 디오티마의 사상과 가르침이, 정말 그녀의 것이 맞는다면, 2,000년 이상 지난 현재까지도 그 가치는 유효하다.

디오티마는 《플라톤의 대화편》에 등장하는 몇 안 되는 여성 중 한 명이다. 디오티마 외에 유일하게 등장하는 여성은 밀레투스 출신의 아스파시아(Aspasia)로, 《메넥세노스(Menexenus)》에서 소크라테스가 그녀의 주장을 거론한다.

디오티마도 아스파시아도 대화 속에서 자신의 주장을 직접 펼치지는 않는다. 그 대신 소크라테스가 대화 상대인 남성들에게 두 여성의 주장을 인용하는 방법을 사용한다. 플라톤은 여성을 제자로 두기도 했는데, 필레우스 출신의 악시오테아(Axiothea)와 만티네이아 출신의 라스테네이아(Lastheneia)가 특히 유명하다.

철학계의 핵심 인물에게 미친 잠재적 영향력을 감안해본다면, 디오티마는 왜 역사적 인물보다는 신화적 인물로 여겨졌는지 그리고 학계에서 무시되었는지 의아하게 생각될 수도 있다. 누군가는 '훌륭한 철학자가 되는 것이란 무엇인가, 그 본보기를 보여주기 위해 플라톤이 문학적 장치로 디오티마를 창조했'고 주장한다. 이는 〈향연〉에서 대화 상대인 아가톤(Agathon)에게 적용한 논쟁을 이끄는 방식의 하나로 간주된다. 《파이드로스(Phaedrus)》에서 소크라테스가 말했듯이, 말의 힘을 얻고자 하는 사람은 대화 상대의 영혼을 이끌어내는 방법을 알아야 하고, 그러려면 대화 상대의 영혼을 알아야 한다.

《여성 철학사(A History of Women Philosophers)》(1987)를 쓴

메리 엘런 웨이스(Mary Ellen Waithe) 같은 학자들은 디오티마를 역사에 등장하는 실존 인물로 인식하기 시작했다. 디오티마라는 그리스 철학자가 아테네에 방문해 소크라테스를 만나고 그에게 철학을 가르쳤다는 확실한 증거는 없다. 하지만 《플라톤의 대화편》에 등장하는 사람들은 대부분 실존 인물이라고 알려져 있다. 이 사실은 디오티마가 실존 인물이었을 가능성을 높여준다.

소크라테스가 《메논(Meno)》에서 '지혜로운 남자들과 여자들의 조언을 수용했다'는 내용을 언급하기 때문에, 그가 다른 여성들의 의견에도 귀 기울였을 것이라고 생각하는 사람들도 있다. 소크라테스가 디오티마와 같은 여성에게 사랑의 본질에 관해 이야기했을 가능성이 그렇게 낮지는 않다. 어쩌면 고대 그리스에서 이처럼 지적인 여성은 결코 존재할 수 없었을 것이라는 불신 때문에 디오티마가 허구의 인물이라는 주장이 나왔을지도 모른다.

디오티마가 플라톤이 상상한 인물이라 할지라도 철학사에서는 여전히 중요한 여성으로 인정받을 만하다. 허구든 아니든 그녀의 주장은 소크라테스의 주장에 강력한 영향을 미쳤으며, 철학사에도 그만큼 파급력을 가진다. 따라서 여기서는 디오티마의 존재 여부가 우리의 주된 관심사는 아니다. 우리의 첫 번째 '철인여왕(Philosopher Queen)'은 수수께끼 같은 존재라는 사실을 당분간 염두에 두자.

앞서 살펴보았듯이 디오티마라는 등장인물은 《플라톤의 대화편》 가운데 〈향연〉에서 중요한 역할을 담당한다. 〈향연〉은 우리가 플라톤의 철학이라고 알고 있는 모든 것을 담고 있는 책이다. '향연'은 다양한 철학적 주제를 토론하는 남성들의 모임으로, 대개 연회와 술자리가 이어졌다. 그러나 플라톤의 〈향연〉은 근본적인 차이가 한 가지 있었다. 남성 철학자들과 동등한 위치에서 자신의 생각을 펼치는 여성이 참석했던 것이다.

〈향연〉의 주최공들은 주최자인 아가톤으로부터 사랑의 의미에 관한 연설을 부탁받는다. 소크라테스는 대화 상대의 주장을 들은 뒤 '만티네이아의 디오티마에게 사랑의 철학을 배웠다'고 말한다. 그는 디오티마를 지혜로운 여성이자 철학자이며 예언자라고 묘사했다. 또한 디오티마를 소개하면서 그녀가 아테네의 역병을 예언하고 시민들에게 희생제를 행하도록 지시해 재앙을 막는 데에 성공했다고 주장한다. 그래서 디오티마라는 인물은 예언이나 선견지명과 연결되기도 한다. 소크라테스는 이러한 점을 그녀의 지적 우월성을 보여주는 증거로 활용했다.

Διοτίμα, Diotima

'소크라테스가 디오티마의 지식이 다른 대화자들의 지식보다 뛰어나다는 말을 했다'고 주장하는 사람들도 있다. 디오티마는 〈향연〉에서 직접 말을 하지는 않지만 중심적인 역할을 담당하고 있었다. 우리는 소크라테스의 입에서 나오는 디오티마의 지혜를 배울 수 있다. 소크라테스는 디오티마가 더 미숙한 자신에게 소크라테스식 대화법, 즉 어떤 관점이나 정의에 대해 일련의 질문을 던지고 대안적인 입장을 이끌어내는 논쟁적인 문답법을 적용했다고 주장한다. 이는 디오티마가 소크라테스의 가장 큰 철학적 공헌인 방법론을 가르쳐준 장본인이라는 사실을 암시한다.

소크라테스는 어린 제자인 디오티마의 만남에 대해 계속 이야기한다. 디오티마가 가르쳐준 미(美)의 이론을 개괄하고, 그 유명한 '디오티마의 사다리' 또는 '사랑의 사다리'를 제시한다. 디오티마의 사다리 이론은 사다리 맨 아래층의 '매력적인 육체를 향한 욕구'가 사다리 꼭대기 층의 '아름다움 자체에 대한 공감'에 이를 수 있다고 제안한다. 사랑의 사다리는 여섯 단계로 이루어져 있다.

1단계, 개별적인 육체에 대한 사랑이다.
2단계, 모든 아름다운 육체들에 대한 사랑이다.

3단계, 영혼이 소유할 수 있는 아름다움에 대한 사랑이다.

4단계, 아름다운 공적 제도에 대한 사랑으로 발전한다.

5단계, 앎에 대한 사랑으로 발전한다.

6단계, '미' 자체에 대한 사랑으로 발전한다.

디오티마는 6단계를 '아름다움이라는 광활한 바다를 바라보는 것과 같다'고 묘사한다. 미 자체를 관조하면 미덕의 도덕적 특징들이 따라온다. 그녀는 미 자체를 사랑하는 사람은 '지혜를 향한 무한한 사랑 속에서 온당하고 숭고한 사상을 창조하는데, 그 사람은 점점 강해져서 결국 아름다움의 과학에 관한 비전을 드러낼 것'이라고 말한다. 그러므로 미를 관조하려면 단순히 외적인 것을 넘어서, 추상적인 '미의 관념'에 대한 이해를 배워야 한다.

이 논의는 플라톤의 유명한 '이데아(Idea)' 이론과도 밀접한 관련이 있다. 플라톤은 《대화편》에서 '이데아는 변화무쌍한 물질세계에 있는 존재들의 비물질적인 본질'이라고 수차례 주장했다. 우리 세계는 영원한 이데아 세계의 모방에 지나지 않기 때문에 물질세계의 존재들에 관한 지식을 얻을 수 없다고 생각했다. 따라서 지식을 얻으려면 그림자에 불과한 지각 세계에서 이데아의 세계로 향해 가야 하는데, 특히 그중 '선(善)의 이데아'가 가장 중요하다. 그러나 선이 '미'나 '정의(正義)'와 같은 다른 이데아와 동일한 방식으로 존재하는지는 불분명하다. 플라톤은 《국가》에서 선의 이데아를 이렇게 표현했다.

존재 너머에 있고, 모든 것을 이해할 수 있게 만든다.

플라톤의 '동굴의 비유'가 이를 잘 보여준다.

하지만 디오티마의 선이나 미의 개념이 플라톤의 '선의 이데아'와 동일한 것인지는 확실치 않다. 디오티마는 미는 목적이 아니라 더 위대한 무언가를 위한 수단, 즉 일종의 재생산을 이루거나 불멸에 이르는 통로가 된다고 주장했다. 그리고 이것을 잉태에 관한 논의를 통해 설명했다.

소크라테스가 디오티마에게 묻는다. "사랑의 기능은 무엇인가?" 디오티마가 대답한다. "육체와 영혼과 관련해 아름다운 무언가를 출산하는 것입니다." 소크라테스가 이해하지 못했다고 답하자, 디오티마가 다시 설명한다.

소크라테스여, 모든 인간은 육체와 영혼을 잉태하고 어른이 되면 자연스럽게 출산하고자 하는 욕구가 생깁니다.

여기서 디오티마가 통념상의 임신만을 언급한 것이 아니라는 사실에 주목해야 한다. 그녀는 임신을 인간뿐 아니라 사상의 재생산에 빗대어 표현할 때가 많았다. 인간의 육체가 임신하려면 함께 아이를 낳을 상대가 필요하다. 마찬가지로 인간의 정신이 잉태하려면 함께 지식과 미덕을 공유할 상대가 필요하다. 디오티마는 이어서 말한다.

호메로스(Homeros)나 헤시오도스(Hesiodos)와 같은 위대한 시인들을 생각하는 사람이라면, 어느 누가 평범한 사람이 아닌 그들의 자녀를 갖고 싶지 않겠습니까? 위대한 시인들을 기억하고 그들에게 영원한 영광을 돌리는 자녀를 가지기를 어느 누가 본받지 않겠습니까?

궁극적 형태의 불멸은 다른 사람에게 사상을 공유하고 전수할 때 이루어지므로, 호메로스나 헤시오도스가 그랬던 것처럼 지적인 자손을 만들어내야 한다. 디오티마는 이러한 재생산이 미의 기능이라고 생각했다. 메리 엘런 웨이스가 말했듯이 디오티마의 선은 플라톤의 선의 이데아와는 기능이 다르다.

디오티마에게 '선'은 이기적인 선이다. 누군가의 선은 '미'라는 관념을 통해 자기 스스로를 재생산해 불멸을 획득한 것이기 때문이다.

그렇다면 우리는 만티네이아의 디오티마로부터 무엇을 배워야 할까? 소크라테스는 디오티마와 토론하면서 자신의 무지를 깨닫고 그녀의 지혜를 배우고자 했다. 소크라테스와 토론하던 중 디오티마는 자신 있게 '제 말이 맞습니다!'라며 자기주장을 펼치고, 때로는 논의에 잘 따라오지 못하는 소크라테스를 꾸짖기도 했다. 소크라테스가 '지혜로운 디오티마여, 네가 말한 것이 정말 사실이냐?'라 물었을 때는 뛰어난 소피스트들처럼 '소크라테스여, 그 말을 믿으셔도 됩니다'라고 대답했다.

이처럼 위대한 여성이 철학의 탄생지에 존재했다는 사실은 모든 여성 철학자에게 하나의 소명으로 다가온다. 디오티마가 허구의 인물이든 아니든, 우리는 최선을 다해 그녀의 자신감과 지성을 본받아야 한다. 심지어 철학의 아버지와 논쟁할 때도 예외는 없었다.

중국 후한 대에 태어난 반소는 문필가이자 역사가인 반표의 딸이었고, 군인이자 외교관인 반초와 역사가인 반고의 누이동생이었다.

반소의 가장 눈부신 업적은 《한서》 편찬에 공헌한 것이다. 《한서》는 원래 반소의 아버지 반표가 집필하기 시작해 오라버니 반고가 이어받았지만, 당대의 박학다식한 수재로 이름을 떨쳤던 반소가 이 책을 완성하라는 황제의 어명을 받고 저술을 이어갔다.

반소

班昭, Ban Zhao

기원후 49?~120?, 중국 후한

에바 키트 와 만(Eva Kit Wah Man) 글

이번 장의 주인공은 중국 최초의 여성 역사가이자 고대 중국의 위대한 여성 지식인인 반소(班昭)다. 《후한서(後漢書)》〈열녀전(烈女傳)〉에 다른 여인들 열여섯 명과 함께 실려 있으며, '조세숙(曹世叔)의 아내'라는 간략한 전기가 소개되어 있다.

후한(後朝, 기원후 25~220) 초에 태어난 반소는 문필가이자 역사가인 반표(班彪)의 딸이었고, 군인이자 외교관인 반초(班超)와 역사가인 반고(班固)의 누이동생이었다. 그녀는 열네 살에 조세숙과 결혼했다. 남편이 이른 나이에 세상을 떠나자, 반소는 순결의 미덕을 지키는 과부의 관례에 따라 재혼을 거부했다. 반소가 자신의 지위를 유지하고 시대의 질서와 기준을 따르기 위해 온전히 자발적으로 행동했다는 것은 역사적으로 중요한 의미가 있다.

반소의 가장 눈부신 업적은 《한서(漢書)》 편찬에 공헌한 것이다. 《한서》는 한 고조(高祖) 유방부터 한 평제(平帝)까지 300년 동안 전한(前漢, 기원전 202~기원후 8)을 통치한 황제 열두 명을 기록한 역사서다. 이 책의 편찬은 원래 반소의 아버지 반표가 시작해 오라버니인 반고가 이어받았지만, 저술을 마치지 못하고 죽고 말았다. 당대의 박학다식한 수재로 이름을 떨쳤던 반소는 후한의 화제(和帝)에게 이 책을 완성하라는 어명을 받는다. 이와 함께 황후와 비자(황제의 첩)들에게 올바른 행실을 교육하기 위해 궁궐로 초빙되었다. 반소는 죽기 전까지 서사시, 기념시, 비문(碑文), 찬사, 논설, 비평, 애사(哀辭) 등 다양한 작품을 남겼다.

반소는 고대 중국사에서 독특한 위치를 차지한다. 이상적인 여성상을 제시하고 당시 상류층 여성을 교육하기 위한 저작을 만들었을 뿐만 아니라, 그녀의 윤리관은 역사와 철학에 큰 영향을 미치고 지식인들의 학문에 영감을 주었기 때문이다. 반소는 여성 교육의 선구자이자 중국 여성들이 본받아야 할 귀감이 되었다. 예컨대 그녀의 《여계(女誡)》와 《동정부(東征賦)》 등은 후대에 특히 청나라 때 중국, 한국, 일본의 학자들이 널리 받아들인 저작물이었다.

하지만 20세기에 이르러 동서양의 교류가 활발해지고,

班昭, Ban Zhao

동양이 서양의 연구 대상이 되면서 분위기가 바뀌기 시작한다. 반소를 여성 교육의 선구자라고 칭송하던 학자들의 시각이 진화하기 시작했으며, 마침내 그녀의 의미가 재평가의 대상이 된 것이다. 가령 청 말기와 중화민국 초기의 반소는 여성해방운동의 적이었다. 이보다 훨씬 중립적인 입장에서 평가하는 반소는 영웅도 악당도 아닌, 당시 여성이 취해야 할 올바른 행위에 관한 전통적 견해를 충실히 기록한 인물이었다. 이러한 시각은 중국 젠더 연구에 대한 오늘날의 높아진 관심을 반영한다.

《여계》는 두말할 필요 없이 반소의 가장 중요하고 영향력 있는 작품이다. 반소가 편찬한 최초의 여성 교육서로, 61세였던 기원후 106년에 집필했다고 알려져 있다.《후한서》에서 반소를 소개한 글에 이 책이 언급된다.《여계》는 총 7장으로 구성되어 있으며, 각 장의 주제는 다음과 같다.

- 겸손
- 남편과 아내
- 공경과 삼감
- 여성의 행실
- 전적 헌신

- 암묵적 복종
- 시동생과의 관계

이는 곧 여성이 가문에서 '가족 구성원들과 잘 지내는 법'과 '사회에서 위신을 지키는 법'에 대한 이야기다. 반소는 짤막한 서문에서 자신을 교육하고 훈련한 학식 높은 아버지와 교양 있는 어머니에게 감사의 마음을 표한다. 그리고 자신은 교육을 통해 부모님을 욕되게 하거나 시댁에 어려움을 줄지도 모른다는 두려움에서 벗어날 수 있었다고 고백한다. 아들이 장성해 어엿하게 공직에 들어가 더 이상 여한이 없지만, 다만 결혼 적령기인 딸들(반소의 친딸들뿐 아니라 가문의 여자 조카들)에게 마음이 쓰인다고 적는다. 따라서 《여계》는 무례, 비난, 다툼, 대립이 불가피해 자신의 본분, 즉 완전한 순종을 지켜내기 어려운 시댁에서 가정의 화합을 이루고 더 나은 삶을 영위하는 방법을 딸들에게 알려주기 위해 집필한 책이었다.

《여계》에서 가장 중요한 주제는 남편과 아내의 관계다. 하늘과 땅의 이치인 '음양(陰陽)'은 남편과 아내의 관계를 규정하는 궁극적 원리다. 남자는 힘과 강함을 특징으로 하는 '양(陽)'을 대표하고, 여자는 온화함과 순종을 특징으로

하는 '음(陰)'을 대표한다. 음과 양의 상호작용이라는 자연
질서는 양이 음을 다스리고 음이 양에 순종하는 것이다. 이
는 남자가 여자를 다스리고 여자가 남자에게 순종하는 부
부의 윤리를 정당화한다. 그래서 남녀의 혼인은 하늘과 땅
의 합일로 비유된다. 인류가 여러 세대에 걸쳐 지속되려면
남녀가 합일해야 한다는 의미가 내포되어 있다.

　그러나 반소의 교훈을 아내가 남편을 섬기는 도덕적 가
르침에만 초점을 맞춘 여성의 유교 덕목으로 분류하게 될
경우, 가족 내 복잡한 관계를 간과하거나 또는 음양의 원리
에 따른 남녀의 상호작용을 지나치게 단순화하여 남성의
여성 통제라는 상황을 야기할 수도 있다.

　반소는 아내의 행실에서 가장 중요한 원칙은 존중과 묵
인이라고 생각했다. 비록 반소는 연약함, 부드러움, 열등함,
순응 등 여성다움과 관련된 전통적 단어를 많이 취하고 있
지만, 이런 원칙을 지키는 실질적인 이유에 관한 설명이 자
못 흥미롭다. 예를 들어 그녀는 '무례함은 두 부부가 서로
너무 가까이 지내는 습관에서 비롯된다'고 설명한다. 또한
'가정사에 대한 불만이나 다툼은 퉁명스럽고 뒤틀린 말투
에서 시작된다'고 말한다. 여기서 반소가 권유한 존중과 묵
인은 실제 결혼 생활에서 터득한 인생의 지혜이지, 윤리 도

덕적인 추론이 아니었다.

《여계》의 서문에서 기획 의도를 밝혔듯이, 반소는 젊은 아내들에게 결혼 생활에 필요한 일종의 기술이자 생존 키트를 제공한 것이다. 이러한 관점에서 살펴볼 때《여계》의 마지막 두 장에 나오는 '시댁 식구들과 지내는 법'을 가르쳐주는 대목은 대단히 흥미롭다. 여기서 반소는 '결점이 없는 사람은 없다'고 말한다.

예컨대 시어머니도 말을 잘못 할 수 있다. 심지어 반소는 남편 식구들과 조화롭게 지낼 수만 있다면 며느리가 저지른 잘못과 실수도 잘 감출 수 있다고 말한다. 남편의 가족에 관해 아내가 맞닥뜨리는 도전은 미궁처럼 복잡한 시댁의 인간관계 속에서 자신의 위치를 제대로 잡는 것이 중요한 문제임을 증명한 것이다. 게다가 '아내들에게도 옳고 그름에 대한 인식과 판단 능력이 있다'고 주장한다. 물론 시댁의 위세에 완전히 눌린 상황에서 무언가를 판단하는 행위는 위험하다.

따라서 반소가 글을 쓴 주목적은 예비 신부들이 시댁의 적대적인 환경에서 생존하기 위해 필요한 일련의 기술을 제공하는 데에 있다고 볼 수 있다. 노골적으로 대립하는 것보다는 뒤로 물러나 순응하는 것이 웃어른을 대하는 정치적 전략으로 여겨졌다.

유교 경전인《대학(大學)》은 '가정의 질서가 먼저 잡혀야 나라를 온전히 다스릴 수 있다'고 말한다. 그래서 한나라의 유교 경전은 남녀의 관계를 엄격하게 구분했고, 학자들은 가문을 안정적으로 유지하고 끊임없이 대를 이어가는 것이 중요하다고 강조했다. 적어도 부분적으로는, 이것은 옛 봉건귀족이 몰락하고 새로운 제국인 한나라가 등장하면서 생겨난 새로운 계급의 결과물을 뜻했다.

이러한 의도는《여계》에서도 쉽게 포착된다. 예를 들면 반소는 '아내들은 아첨이나 구슬리는 말을 하고 싶은 유혹을 피해야 한다'고 조언한다. 또한 '자기 수양을 쌓고, 경멸을 억누르고, 남편과 안전한 거리를 유지하는 것이 가장 좋다'고 말한다.

당시의 학자들은 유교 경전에서만 배움을 얻으려 하지 않았다. 문학과 예술을 사랑하는 황제들의 후원 아래, 고대 중국에서 활짝 꽃피운 다양한 학파의 여러 작품들을 새로운 시대의 더 적합한 언어로 재편집하고 발행하였다.《한서》에는 정통 유교 작품뿐 아니라 도가 사상가 37명이 쓴 글 993편, 묵가 사상가 여섯 명이 쓴 글 86편이 실려 있다. 그러므로 한나라의 사상은 어느 한 가지 전통에서 비롯된 것이 아니라 제자백가, 즉 유가, 도가, 묵가 등 진나라 이전의 다양한 학파에서 나왔다는 사실이 강조되어야 한다.

반소의 가문 내력이나 교육 행보는 이런 사상적 흐름의 중심에 있었다. 따라서 유교적 잣대로만 반소 자신과 그녀의 작품을 해석하는 것이 타당한지 다시 생각해봐야 한다. 또 작품에 나타나는 성별 관계나 가부장적 가치관은 당시 시대적 상황 속에서 읽어야 한다. 여기서 한나라의 통치자들은 주로 도가 사상을 받아들였다는 점을 주목할 필요가 있다. 도가는 유가와 달리 인간이 살아가는 환경을 만만하게 보지 않는다. 도가 사상가들은 자기보존과 생존을 인간사의 최우선 원칙으로 간주하고, 강자 앞에서 겸손과 자기부정을 지키는 것을 위험한 환경에서 관계를 유지하는 협상의 기술로 여긴다. 게다가 반소는 벌써 3대째 가족 중 적어도 한 명 이상이 궁중 학자였으며, 그녀 자신도 황제의 인정을 받고 황실 여인들을 가르치기 위해 궁궐로 불려갔다.

그럼에도 불구하고 역사적 자료로써 《여계》의 유용성은 여전히 제한적이다. 따라서 우리는 당시의 시대적 상황 속에서 반소를 이해하며 다시 한 번 정리해볼 필요가 있다.

첫째, 반소의 처방은 그 자신의 시대에도 예외적이었다.

班昭, Ban Zhao

둘째, 여성의 재혼은 흔한 일이 아니었다.

셋째, 이전 시대의 어떠한 문헌에도 여성이 자신의 생각을 입 밖으로 꺼내지 못하도록 규정하지 않았다. 즉 남성과 여성의 위계를 엄격하게 구별하는 것처럼 보이지도 않았다.

넷째, 한나라 대의 성생활과 관련된 개방적인 작품을 살펴보면, 예를 들어 장형(張衡)의 〈동성가(同聲歌)〉는 고대 중국의 성생활과 관련된 중요한 문헌인 《소녀경(素女經)》을 참고하고 있다. 반소의 여성다움에 대한 이상은 그 뒤로 수 세기 동안 정통 유교 가문에서도 희망 사항으로 남아 있었다.

2017년에 벌어진 일이었다. 중국여성개발재단 회원이자 허베이성전통문화연구회 부회장인 딩쉬안의 대학 강연이 SNS에서 뜨거운 논란을 일으켰다. 딩쉬안은 '현대에 올바르고 우아한 여성이 되는 법'에 관한 강연에서 '여성의 가장 좋은 지참금은 처녀성'이라고 주장하고 노출이 심한 옷을 입은 여성을 비난했다. 이러한 대중 강연이 되풀이되며 사회적 지탄을 받는 것은 오늘날 중국에서는 흔한 일이 되고 있다. 그러므로 우리는 반소에게서 부분적으로나마 지혜를 얻어야 한다. 그녀는 여전히 우리가 주목해야 할 중요하고도 영향력 있는 사상가다.

히파티아는 수천 년 전에 이미, 남성의 전유물이었던 학계에 성공적으로 뚫고 들어간 최초의 여성이었다. 그녀는 철학이 사회와 불가분하게 연결되어 있다고 보았다. 수학을 가르치고 수많은 저서를 집필해 커다란 공헌을 한 동시에, 자신의 지식이 사회에 보탬이 되도록 활용했다. 세상 밖으로 나가 선의를 위해 목소리를 내고 정치적인 영향력을 행사했으며, 결국에는 죽음에 이르는 위험마저 감수했다.

히파티아

Ὑπατία, Hypatia

고대 이집트 알렉산드리아, 370?~414

리사 화이팅(Lisa Whiting) 글

고대 철학의 세계를 상상해보자. 대부분 토가를 입고, 수염을 덥수룩하게 기르고, 나이가 꽤 있는 남자들을 생각할 것이다. 광장에서 강연하는 여성 철학자와, 그녀의 강연을 듣기 위해 먼 곳에서 몰려온 군중을 연상하기란 쉽지 않을 것이다. 이것이 바로 알렉산드리아의 히파티아가 역사적으로 중요한 인물인 수많은 이유 중 하나다.

히파티아는 수학자이자 천문학자였고 철학자였다. 그녀는 여성으로서, 자신의 인생과 관련해 신뢰할 만한 역사적 기록물을 남긴 최초의 철학자였다. 그럼에도 불구하고 히파티아는 여전히 많은 신화에 둘러싸여 있다. 그녀가 세상을 떠난 뒤에도 수 세기에 걸쳐 시, 문학, 심지어 할리우드 블록버스터 〈아고라(Agora)〉(레이첼 와이즈(Rachel Weisz)가 히파티아 역할을 맡았다)의 주인공이 되었다. 이 작품들은 물론 픽션이지만 히파티아의 인생과 업적을 오해하게끔 만들었다. 따라서 그녀에게 덧씌워진 오해를 벗기고 히파티아라는 여성의 실제 모습을 제대로 평가하는 것이 중요하다.

히파티아는 이집트 알렉산드리아에서 370년쯤 태어났다(정확한 날짜는 알려지지 않았다). 당시 이집트는 로마제국의 속국이었다. 알렉산드리아의 또 다른 유명한 여성 클레오파트라 7세(Cleopatra)가 태어난 지 약 400년이 지난 무렵이기도 하다. 알렉산드리아는 학문으로 유명한 도시로(아테네와 버금가는 도시였다), 이곳에서 공부하기 위해 머나먼 지역에서 유학 오는 학생도 많았다.

히파티아의 아버지 테온(Theon)은 알렉산드리아 최고의 학문연구기관이었던 '무세이온(Mouseion)'의 책임자로 추정된다. 테온은 유명한 수학자이자 교사로 평생 동안 수많은 수학 저서를 남겼다. 그의 가장 큰 공적은 유클리드(Euclid)의 《기하학 원론》 초판본을 편집한 것이었다. 이 책은 초기 수학의 광범위한 기본 원리를 정리했고, 테온의 주석은 오늘날까지 활용되고 있다. 다만 안타깝게도 히파티아의 어머니에 관해 알려진 사실이나 관련된 기록은 남아 있는 것이 없다.

히파티아는 어렸을 때부터 아버지에게 수학과 철학을

배웠다. 딸이 아버지보다 더 뛰어났다는 사실은 여러 자료들이 증명하고 있다. 말 그대로 청출어람이었다. 5세기 비잔틴의 역사가 소크라테스 스콜라스티쿠스(Socrates Scholasticus)는 《교회사(Ecclesiastical History)》에 다음과 같이 기록했다.

테온의 딸 히파티아는 문학과 학문 분야에서 당대 모든 철학자를 능가하는 성과를 이루었다.

히파티아는 특히 수학에 관심이 높아 다양한 수학 저서를 편집하고 주석을 달았는데, 그중에는 클라우디오스 프톨레마이오스(Claudius Ptolemaeus)의 《알마게스트(Almagest)》도 있었다. 히파티아는 이 책에서 장제법(긴 나눗셈)이라는 방식을 활용함으로써 가장 유명한 수학적 공헌을 이루었다. 또 디오판토스(Diophantos)의 열세 권짜리 책 《산수론(Arithmetica)》의 주석서를 썼고, 프톨레마이오스의 《천문표(Handy Tables)》를 새롭게 개정했다. 아폴로니우스(Apollonius)의 궤적, 그리고 기하학 관련 도서의 주석서도 썼다. 수학과 관련된 집필활동뿐 아니라 별의 위치를 계산하는 아스트롤라베와 같은 천문관측 장치를 만들었다고도 알려져 있다.

히파티아의 철학 저서는 남아 있는 것이 없기에 독창적인 이론을 만들었는지의 여부는 알 수 없다. 하지만 당시에는 학자들이 새로운 이론을 만들기보다는 기존의 저서에 관한 주석서를 쓰거나 앞선 철학자들의 주장을 발전시키는 일이 훨씬 일반적이었다.

혹자는 이를 두고 알렉산드리아 도서관이 화재로 전소되어 수많은 장서가 사라졌기 때문에, 남아 있는 책의 보존 자체를 중요해져 이 같은 풍토가 자리 잡았을 것이라고 추정한다. 같은 이유에서 히파티아는 수학의 이론가보다는 주석가로 더 정평이 났다.

그렇다면 우리는 왜 히파티아를 뛰어난 철학자로서 이해해야 할까? 이 문제에 답을 찾기 위해서는 그녀의 사상을 살펴봐야 한다. 다양한 사료는 히파티아의 철학 강의가 인기 높았다는 사실을 증명한다. 학구열이 높은 학생들뿐 아니라 당대의 유명한 정치 지도자들까지 그녀의 철학 강의에 참석했다고 한다. 히파티아의 제자 중 하나로 알려진 키레네의 시네시우스(Synesius of Cyrene)는 그녀의 가르침에 감명을 받고 친구에게 보낸 편지에 그녀를 '철학자'라 일컬으며 다음과 같이 적었다.

히파티아의 명성은 말 그대로 믿을 수 없을 정도라네. 우리는 그분의 철학이 얼마나 깊고 오묘한지 직접 보고 들었다네.

시네시우스는 이따금 히파티아에게 알렉산드리아에서 먼 지역에 사는 젊은 청년들도 보내 가르침을 받게 했다.

히파티아의 제자들 중에는 그녀의 미모에 반해 존경 이상의 감정을 갖기도 했다. 하지만 히파티아는 그 누구도 자신에게 이성으로 다가오게끔 허락하지 않았고, 세상을 떠날 때까지 처녀로 남아 있었다고 한다. 신플라톤학파 철학자 다마스키오스(Damascius)에 따르면, 히파티아는 제자가 몇 시간 내내 악기를 연주하며 끈질기게 애정 공세를 펼치더라도 제풀에 지칠 때까지 내버려 두었다고 한다. 하지만 제자가 포기하지 않자 극단적인 방법을 사용할 수밖에 없었다. 어느 날 피 묻은 생리대를 꺼내 제자의 눈앞에서 흔들어 보이며 '이것이 네가 원하는 성욕일 뿐 나의 지성이나 철학에 비하면 전혀 아름답지 않다'고 비난했다. 부끄러움과 충격에 빠진 젊은 제자는 마침내 정신을 차리고 마음을 다잡아 학문에 정진했다고 전해진다.

히파티아는 교실에서 가르치지 않을 때면 광장으로 나

가 강의를 했다. 사료에는 '히파티아는 비록 여성이지만 철학자의 망토를 두르고 도시 한복판을 가로질러 갔다'고 기록되어 있다. 철학을 배우고 싶어 하는 일반 대중에게 플라톤, 아리스토텔레스, 기타 철학자들의 철학을 가르쳤다. 당시에는 남성 철학자가 사람들에게 철학을 가르치는 광경은 흔했지만 여성의 경우는 드물었다. 히파티아의 강의를 들은 수많은 제자들이 그녀를 존경했는데, 이는 그녀가 철학자로서뿐 아니라 카리스마와 재치 넘치는 연설가로서 재능이 뛰어났다는 증거이기도 하다.

히파티아가 인기가 높았던 또 하나의 이유는 다양한 유형의 사람과 다양한 관점에 대해 개방성과 포용력을 보인 것이다. 종교적 갈등이 심했던 그 시대에 비기독교도였던 히파티아는 수많은 기독교도와 유대교도와 교류하였고, 그들을 가르치기도 했다. 제자이자 동료였던 시네시우스는 훗날 기독교의 주교가 되었으며, 오레스테스(Orestes)라는 절친한 친구는 알렉산드리아의 총독이었다. 이러한 지도자들이 히파티아에게 여러 사안에 대한 조언과 지혜를 구하면서, 그녀는 매우 영향력 있는 정치적 인물로 명성을 쌓아갈 수 있었다.

히파티아는 단순히 학구적이고 훌륭한 수학자에 그치는

인물이 아니라, 자신의 사회적 신분을 이용해 사회에 적극적으로 참여하는 이른바 '공공 지식인'이었다. 다마스키오스는 자신의 글에서 이를 잘 표현했다.

> 히파티아는 이런 사람이었다. 수사법과 대화법에 능통할 뿐 아니라 실무에 밝았고 시민의식이 투철했다. 따라서 널리 시민들의 신뢰를 얻었으며 어딜 가나 진심으로 환영받고 존경받았다.

하지만 불행히도 시민의식과 정치적 영향력 때문에 도리어 잔혹한 죽음을 맞게 되었다.

382~412년에 알렉산드리아 총대주교로 활동한 테오필로스(Theophilos)는 비록 히파티아와 종교는 달랐지만 서로 좋은 관계를 유지하고 있었다. 그러나 테오필로스가 죽으면서 상황이 변한다. 그의 조카 키릴로스(Kýrillos)가 알렉산드리아에서 권력을 장악하려 했으며, 그를 반대하는 사람들 중에는 히파티아의 친구인 오레스테스도 있었다. 오레스테스는 히파티아에게 이 싸움에 필요한 조언을 구했다. 결국 키릴로스의 추종자들 사이에는 히파티아 때문에 오레스테스와 키릴로스가 화해하지 못하고 도시가 분열되고 말

았다는 소문이 떠돌았다.

얼마 지나지 않아 파라발라니(parabalani)라는 수도사 무리가 히파티아가 타고 가는 마차를 습격했다. 폭도들은 그녀의 옷을 벗기고 굴 껍데기와 지붕의 기와로 사지를 찢었다. 그러고는 팔과 다리를 끌고 온 도시를 돌아다녔고 마지막에는 시신을 화형에 처했다.

히파티아의 잔인한 죽음은 알렉산드리아 전체를 충격에 몰아넣었다. 처형 방식이 처참했을 뿐만 아니라, 당시까지만 해도 알렉산드리아에서 철학자란 감히 건드릴 수 없는 존재였기 때문이다. 키릴로스는 의도했던 대로 오레스테스의 추종자들에게 두려움을 안겨주었고, 머지않아 도시 전체를 장악했다. 히파티아의 죽음이 키릴로스의 명령에 의한 것인지 아니면 당시 알렉산드리아에 난무하는 불안감과 폭력성 때문에 벌어진 일인지는 여전히 논쟁거리다. 그러나 히파티아는 지위와 영향력 때문에 비난의 대상이 된 것은 분명하다.

철학자 중에 최초의 여성 순교자인 히파티아의 극적인 이야기는 다양한 이유를 지지하거나 비난하기 위해 소환된다. 근세 철학자인 존 톨런드(John Toland)는 《히파티아, 가장 아름답고 가장 고결하고 가장 박식하고 여러모로 재주가 뛰어난 어느 여인의 역사: 알렉산드리아의 주교인 키릴로스의 자존심과 경쟁심 때문에 잔혹하게 찢겨 죽게 되다(Hypatia: Or, the History of a Most Beautiful, Most Vertuous, Most Learned, and Every Way Accomplish'd Lady; Who was Torn to Pieces by the Clergy of Alexandria, to Gratify the Pride, Emulation and Cruelty of their Archbishop, Commonly, but Undeservedly, Stil'd St. Cyril)》라는 극적이고도 장황한 제목의 히파티아 관련 도서를 집필했다. 반가톨릭적인 감정을 가진 톨런드는 책 전반에 걸쳐 히파티아의 인생을 과장되게 묘사했다.

훗날 루이스 토머스(Lewis Thomas)는 톨런드의 작품을 반박하는 논문을 썼다. 루이스도 톨런드의 책 제목처럼 논문 제목을 〈알렉산드리아의 가장 무례한 여교사 히파티아의 역사: 알렉산드리아 주교 키릴로스에 맞서다 대중에게 찢겨 죽게 된 여인, 톨런드의 비난을 반박하다(The History of Hypatia, a most Impudent School-Mistress of Alexandria: Murder'd and torn to Pieces by the Populace, in Defence of Saint Cyril and the Alexandrian Clergy. From the Aspersions of Mr Toland)〉라고 극적이고 장황하게 지었다. 두 문헌 모두 히파티아의 실체는 고의로 무시한 채, 여성에 대한 고정관념에 사로잡혀 그녀를 바라보고 있다.

1853년 찰스 킹즐리(Charles Kingsley)는 히파티아에 관한 매우 인기 있는 소설을 썼고, 그 덕분에 그녀는 좀 더 대중적인 인물이 되었다. 1908년 미국 작가 엘버트 허버드(Elbert Hubbard)는 스스로 '히파티아의 전기'라고 주장하는 책을 썼다. 하지만 그의 책은 여기저기 허구가 뒤섞여 있는데다 근거 없는 주장도 많았다. 이런 종류의 책은 히파티아를 환상적이고 낭만적인 인물로 재구성했고, 그로 인해 지금까지도 수많은 오해를 낳고 있다.

20세기에 이르자 히파티아는 페미니즘운동에서 받아들여졌다. 철학자 버트런드 러셀(Bertrand Russell)의 아내 도라 러셀(Dora Russell)은 남성과 여성의 교육 불평등에 관한 책《히파티아 또는 여성과 지식(Hypatia or Woman and Knowledge)》(1925)을 썼다. 이 책의 서문에는 다음과 같이 적혀 있다.

히파티아는 교회의 고위 성직자들에게 고발되고 기독교도들에게 찢겨 죽고 말았던 대학 강사였다. 아마 이 책의 운명도 그렇게 되리라 본다.

도라 러셀은 히파티아가 역사적으로 중요한 인물인 이

유를 명확히 짚어냈다. 물론 수천 년이 지난 지금도 여전히 학계는 남성이 지배하는 영역이지만, 히파티아는 남성의 전유물이었던 학계에 성공적으로 뚫고 들어간 최초의 여성이었다.

히파티아는 철학이 사회와 불가분하게 연결되어 있다고 보았다. 수학을 가르치고 수학의 발전을 위해 중요한 공헌을 한 동시에, 자신의 지식이 사회에 보탬이 되도록 활용했다. 조용히 가르치고 글을 쓰면서 교실과 도서관에만 머무를 수도 있었으나, 그녀는 세상 밖으로 나가 선의를 위해 목소리를 내고 정치적인 영향력을 행사했으며, 결국 죽음에 이르는 위험까지 감수했다.

허구가 아니라 실제로도 히파티아는 지적이면서도 카리스마 있고 용감한 여성이었다. 당대 학생들에게 중요한 가르침을 주는 교사이자 알렉산드리아 사회에서 명망 있는 인물이었다.

나는 오늘날도 더 많은 여성들이 히파티아에게 영감을 받아 위험을 무릅쓰며 철학자의 망토를 걸치고 광장으로 나아가길 바란다.

랄레슈와리의 철학은 전통의 민주화를 추구한다. 그녀의 철학은
사회적 금기도 공공연히 거부한다. 그리고 학자부터 일자무식인
사람에게까지 널리 인기를 얻었다.
랄레슈와리의 '자유' 철학은 종교의 분열과 위계, 카스트(계급)와
계층, 젠더와 성, 정신과 육체, 자아와 세계를 하나로 융화하고자
했다. 이는 보편적 가치인 동시에, 누구나 얻을 수 있는 자유를
추구함으로써 가능해지는 일이다.

랄레슈와리

ललल्येशवरी, Lalleshwari

인도 카슈미르, 1320~1392

샬리니 신하(Shalini Sinha) 글

랄레슈와리는 14세기 카슈미르 철학계에서 매우 독특한 인물이었다. 당시 힌두교와 불교가 기존에 가졌던 철학적·종교적·정치적 영향력이 줄어들고, 이슬람의 영향력과 정치권력이 득세하기 시작했다. 이 시기에 랄레슈와리는 힌두교와 이슬람교의 전통을 둘 다 끌어안았다.

그녀는 힌두교 시바파뿐 아니라 카슈미르의 이슬람 수피파에서도 권위 있는 인물이었다. 힌두교도들은 그녀를 '랄레슈와리'라 부르고, 이슬람교도들은 '랄라 아리파(Lalla Aarifa)'라고 부른다. 그리고 종교와 상관없이 '랄라(Lalla)'나 '랄 데드(Lal Ded)'라 부르는 사람도 많다. 600년 이상 구전으로 전해오는 그녀의 시들은 카슈미르의 종교와 문화에 방대하고 다양한 유산을 남겼다.

랄레슈와리는 카슈미르 종교사에서도 매우 영향력이 큰

인물이며, 인도의 고전 시 분야에서도 명성 높은 인물이다. 그녀의 사회적 · 종교적 통설에 대한 비평은 아카 마하데비 (Akka Mahadevi, 12세기, 카르나타카), 자나바이(Janābāi, 13세기, 마하라슈트라), 미라바이(Mirabai, 16세기, 라자스탄)와 같은 인도 고전부터 근세까지 여러 유명한 여성 철학자이자 시인들의 비평, 또는 카비르(Kabir, 15세기, 우타르 프라데시)와 같은 남성 철학자이자 시인의 비평에 필적한다.

랄레슈와리는 이 시인들처럼 해방을 추구하며 관습적인 규범에 저항했다. 그녀는 자신의 작품에서 계급과 교리, 성별을 떠나 모든 사람의 정신과 육체가 자유로워질 가능성을 강조했다.

어떤 전기는 아카 마하데비처럼 엄격한 자기 수양을 하는 '나체 고행자'로 묘사되어 관습을 거부하는 것에 대한 비판을 불러일으키기도 했다. 하지만 랄레슈와리는 다른 급진적인 여성 시인들처럼 전통에서 벗어난 여성 시인으로서 상징적인 지위를 차지했다.

스물여섯 살에는 전통에 따라 집과 가족을 떠났다. '비이원적인(non-dual)' 샤이바 철학과 요가 수행법을 훈련받고 카슈미르 주변을 방랑하며 요가 수행자로 살아갔다. 요가 철학은 랄레슈와리의 시에도 깊숙이 스며들어 있다. 이 때문에 현대 학자들은 그녀를 카슈미르의 샤이바 철학자나 요가 수행자가 아니라, 바크티(bhakti, 신에 대한 헌신과 사랑을 의미하는 단어)를 강조한 종교 시인으로 더욱 강조하는 경향이 있다. 이와 관련하여 란지트 호스코테(Ranjit Hoskote)는 《나, 랄라: 랄 데드의 시(I, Lalla: The Poems of Lal Ded)》(2011)에서 다음과 같이 언급한 바 있다.

> 랄레슈와리는 대중적인 시 작품집을 남겼다. 그녀의 시들은 마치 한 개인이 아닌 서로 다른 종교, 성별, 직업을 가진 시인들의 목소리가 표현된 것 같다.

랄레슈와리의 시적 표현(vākhs, 바크스)은 10~11세기에 등장한 비이원적인 샤이바 철학을 상기시킨다. 카슈미르 불교 철학에서 큰 영향을 받은 샤이바 철학은 '실재의 궁극적 본성은 이원화된 사고와 개념과 언어를 뛰어넘는다'라고 주장해 비이원적인 철학으로 간주된다. 랄레슈와리가 사용한 시바(śiva, 고요)와 사크티(śakti, 활력 또는 기운) 같은 용어는 샤비아 철학을 반영한다. 그리고 수냐타(śūnyatā, 비움)는 불교의 영향을 보여준다. 또한 그녀의 시 속에는 이슬람 수피파의 전통도 드러나 있다.

요가 수행자였던 랄레슈와리에게 철학이란 몸과 마음과 의식의 근본적 변화를 통해 진리와 자유를 추구하는 실천이었다. 이는 비이원적인 샤이바 철학 훈련과 요가의 정신훈련 및 호흡 훈련을 수행해 이룰 수 있다. 신체 훈련은 매일 삶 속에서 행위 표현을 통해 철학적 이해를 하나의 실재로 발전시킨다. 이와 같은 비이원론은 오늘날의 사회를 조직하는 분열적이고 계층적이며 배타적인 범주들을 강하게 거부한다. 이러한 사회적 · 윤리적 · 종교적 범주들은 계급의 상하, 자아와 타자, 도덕과 부도덕에 관한 우리의 경험을 형성한다.

랄레슈와리는 다양한 요가와 탄트라 수행을 통해 이와 같은 정통에 대한 거부를 드러낸다. 요가와 탄트라는 일반적으로 전통적 가치와 행위에 반하는 '불순하고' 체제 전복적인 것으로 간주되었다. 이것은 고기와 술을 먹고 마시는 것부터 죽음의 공포를 극복하기 위해 화장터에서 요가를 수행하는 것은 물론 남녀의 성행위까지 매우 다양하다.

육체와 정신과 영혼을 수양하는 요가 수행은 우리가 누구인지, 우리를 둘러싼 세계의 본질이 무엇인지 이해하기 위한 세계관을 형성하는 것이 주목적이다. 요가를 수행함으로써 선과 악, 높고 낮음, 옳고 그름, 금지와 허용 등 반대

되는 개념 사이를 넘나들며 삶과 경험을 조직하는 개념화
된 구조를 해체하는 것이다.

이에 따라 랄레슈와리는 '신체나 정신 또는 세상에 깊이
자리 잡은 사회적·감정적·도덕적인 이분법과 위계질서
를 극복해야 한다'고 주장했다.

이분법은 사람의 행위와 도덕과 인식을 옭아매지만, 요
가를 수행하면 개념화의 속박에서 자유로워진다고 보았다.
그녀의 시들은 개념화된 이원론을 어떻게 깨트리는지, 그
리고 어떻게 우리의 감각적·인식적·신체적·사회적 행
위를 근본적으로 바꾸는지를 보여준다. 지나(Jina)와 케샤바
(Keśava)처럼 다양한 불교 용어와 힌두교 용어를 혼용함으
로써 종교의 구분을 확실히 묵살한다. 랄레슈와리는 감정
적·도덕적 구분의 극복에 관해 이같이 말한다.

나는 선과 악, 둘 다 환영한다.
나는 내 귀로 듣지 않고 나는 내 눈으로 보지 않는다 …
그들은 나를 모욕하고 저주를 퍼붓지만…
내가 가는 길을 막지 못한다.

자유의 본질에 관한 생각은 랄레슈와리의 시 작품 곳곳

에 스며들어 있다. 랄레슈와리에게 자유란 자기의식의 자유다. 자유는 자기인식이다. 다시 말해 우리의 참된 본질에 관한 인식이다. 자기의식의 핵심은 완전한 자유(스바탄트리아, svātantrya)와 창조성이다. 이 '시바'에 관한 영원한 의식은 자각하는 존재와 무생물체의 세계로서 스스로를 드러내 보이기 위해 힘, 즉 '관념적인 힘'을 가진다.

우리는 세계를 경험할 때 '자아'와 '비(非)자아' '내부(정신)'와 '외부(육체)'로 나누어서 인식한다. 하지만 이것은 세계를 인식하는 임의의 방식일 뿐이다. 랄레슈와리는 이러한 인식 또는 의식이 관념의 '그물'을 펼치고, 이것이 외부 세계와 개인의 내면에 영향을 미친다고 설명한다. 랄레슈와리에 따르면 세계는 단지 관념적인 '의식의 그물', 또는 더 정확히 말하면 '의식-힘의 그물'에 불과하다. 의식과 힘은 분리될 수 없기 때문이다. 이러한 관점에서 육체와 정신은 관념적인 구조일 뿐이다. 따라서 요가의 정신 수양과 호흡 훈련은 세계를 바라보는 관점, 즉 우리가 구축한 세계가 실제로는 인간의 관념에 의해 만들어진 것에 불과하다는 세계관을 함양하는 것이다.

요가는 우리가 각각 구별되고 독립적인 심미적 인식 '행위', 다시 말해 즐거움과 기쁨을 경험하는 놀이를 통해 세계를 이해하게 만든다. 그래서 요가를 수행하면 세계의 현실과 우리 자신의 현실을 가려버리는 관념의 그물을 벗겨낸다. 실제로 우리의 정신에 의해 만들어진 세계는 아무리 분명하고 견고해 보여도 그 속은 텅 비어 있다. 육체와 정신, 세계로 드러나는 관념적인 힘을 변화시킴으로써 관념의 그물을 벗겨낼 수 있다.

이를 위해서는 관념적인 힘을 통제하기 위한 정신의 변화가 필요하다. 랄레슈와리는 강도 높은 요가 훈련을 통해 관습적이고 만성적으로 굳어진 정신의 구조를 '녹여버린다'고 표현했다. 요가 수행자는 정신과 호흡을 훈련함으로써 인식의 무의미하고 비관념적인 본성이 바로 만물의 영원한 본질이라는 사실을 깨닫는다. 이로써 인식의 자유를 경험하게 된다.

랄레슈와리는 남신과 여신(시바와 사크티)으로 대표되는 두 개의 관념적 힘을 수행자의 정신과 육체 안에서 통합함으로써 이러한 자기 변혁의 과정이 나타난다고 설명했다. 인간의 인식 속에서 두 개의 관념적 힘이 통합하면 내적 분열과 외적 분열이 모두 사라진다.

요가 수행자는 더 이상 정신의 정체성이나 육체의 정체성을 제한하지 않는다. 정신과 육체 또는 정신적 현상과 육체적 현상으로 '나' 또는 '나의 것'을 정의하지 않는 것이다. 관념적 분열이 사라지면 신체적 자기 정체성과 그 영향으로부터 벗어날 수 있다.

　이러한 종류의 비관념적 인식은 감각적 세계의 무의미함을 경험하는 것과 동일하다. 감각이 사라지면 '나'는 기존의 인식 영역과는 전혀 다르거나 그것을 뛰어넘는 어마어마한 실재를 경험하게 된다. 요가 수행자는 모든 관념적 한계로부터 해방된다. 이러한 경험은 '깨달음'이나 정신의 변화로 나타난다. 이때 인식의 장에서 감각적 경험은 심미적 환희로 바뀌는 방식으로 감각들이 감각 대상을 '채운다'. 랄레슈와리는 만물이 사라져버림으로써 관념화된 정신이 해체되고 실체는 무의미하다는 사실을 다음과 같이 묘사했다.

　　정신이 사라지면 무엇이 남는가?
　　대지, 공기, 하늘이 모두 텅 빈다.
　　정신이 사라지면 무엇이 남는가?
　　(정신의) 공허는 (인식의) 공허와 어우러진다.

　무의미함과 감각적 기쁨은 현실에서 '시바'라는 비관념적 인식으로 나타나는데, 이것을 언어로 형용하기는 어렵다.

당신이 찾고 있는 최고의 단어는

시바 당신 자신이다.

랄레슈와리의 철학은 '전통의 민주화를 추구한다'는 점을 주목할 필요가 있다. 일상에서 건져낸 이미지와 비유를 활용해 복잡한 철학적 개념을 단순한 언어로 표현했기 때문이다. 사회적 금기도 공공연히 거부한 그녀의 철학은 학자부터 일자무식인 사람에게까지 널리 인기를 얻었다.

랄레슈와리의 '자유' 철학은 종교의 분열과 위계, 카스트(계급)와 계층, 젠더와 성, 정신과 육체, 자아와 세계를 하나로 융화하고자 했다. 이는 보편적이고 누구나 얻을 수 있는 자유를 추구함으로써 가능한 일이다. '자유'가 인식의 영원한 가능성임을 상기시킴으로써 인간 경험의 핵심에 호소한다는 점이 바로 랄레슈와리 철학의 힘이다. 그녀의 철학은 알면 알수록 더 깊이 빠져든다. 오늘날 우리의 인식을 형성하는 관념적 경계와 분열, 위계를 뛰어넘는 인간 자유의 가능성을 연구하는 데에도 탁월한 영감을 준다.

메리 애스텔의 철학적 관점은 그녀의 페미니스트적 입장을 공고히 만든다. 예를 들면 인간의 자유의지와 자율성에 관한 이론은 '여성에게 그와 같은 자율성이 결여되어 있다'는 그녀의 확신을 강화한다.

애스텔의 학문은 다양한 분야가 어떻게 맞물려야 일관성 있고 복합적이며 독창적인 철학 체계가 형성되는지를 잘 보여준다.

메리 애스텔
Mary Astell

영국, 1666~1731

시몬 웹(Simone Webb) 글

메리 애스텔

이다음 장에는 여러분이 한 번쯤은 들어봤을 메리 울스턴
크래프트라는 인물이 나올 것이다. 초기 페미니즘운동을
이야기할 때 등장하는 대표적 인물이다. 하지만 이번 장의
주인공 메리 애스텔은 좀 낯설 인물일 것이다. 메리 애스텔
은 울스턴크래프트처럼 남성에게 예속된 여성의 상황을 분
석하고 해결책을 제시했다.

애스텔은 울스턴크래프트의 유명한 저서《여성의 권리
옹호(A Vindication of the Rights of Woman)》(1792)보다 1세기
앞서 여성 인권에 관한 철학 논문〈여성에 대한 중대한 제
안(A Serious Proposal to the Ladies)〉(1694)을 썼다. 그러나 애스
텔의 글은 페미니즘 철학에만 국한되지는 않았다. 신학, 형
이상학, 인식론, 윤리학, 당시의 정치문제 등에 관한 수많
은 글을 남겼다. 오늘날의 독자들에게는 이상하리만치 모

순적인 모습이 보일 때도 있을 것이다. 어떤 글에서는 여성의 결혼이 가지는 부정적 효과에 대해 통렬하고도 과격하게 비판하지만, 또 어떤 글에서는 기존의 사회 위계질서에 대해 철저하게 보수적인 입장을 보이기도 한다. 동일한 논문 안에서 독실한 기독교도의 경건함과 함께 재치 있는 풍자도 엿볼 수 있다.

애스텔의 일생에 관해서는 알려진 바가 많지 않다. 앤 콘웨이(Anne Conway)나 마거릿 캐번디시(Margaret Cavendish) 같은 근세의 여성 철학자들과는 달리 애스텔은 귀족 출신이 아니었다. 그녀의 아버지는 뉴캐슬의 석탄 소매업자였다. 17세기 영국의 대부분 여성과 마찬가지로 정규 교육을 받지 못했다. 하지만 학식을 갖춘 삼촌 랠프 애스텔(Ralph Astell) 밑에서 공부를 한 것으로 보인다. 랠프 애스텔은 케임브리지 플라톤학파(17세기 영국 관념론 철학자 집단)의 철학자들과 교류했다. 그래서인지 애스텔의 후기 저작에는 플라톤의 영향이 나타나기도 한다.

애스텔이 열두 살 때 아버지가 세상을 떠나고 가족은 경제적인 어려움을 겪는다. 여성으로서 기회가 매우 제한되어 있었고, 결혼할 기회가 없었거나 마음이 없었던 그녀는 20대 초반에 런던으로 옮겨 갔다. 다행히도 운 좋게 캔터베리 대주교인 윌리엄 샌크로프트(William Sancroft)를 만나 도움을 받고, 이후 집필활동을 시작했다. 용감하게 독신으로 살 것을 결심하며 평생 결혼하지 않았고, 런던에서 다른 지식인 여성들과 교류하며 우정을 쌓아갔다.

1709년에는 레이디 캐서린 존스(Catherine Jones)와 레이디 엘리자베스 헤이스팅스(Elizabeth Hastings, '레이디 베티'로 더 유명함)와 같은 친구들의 지원을 받아, 가난한 소녀들을 위한 자선학교를 첼시에 설립했다. 평생 금욕적이고 경건한 삶을 살다가 63세 나이에 유방암으로 세상을 떠났다.

하지만 오늘날은 애스텔의 자선활동이나 개인적 헌신보다는 그녀의 저작이 더 많이 알려져 있다. 최초의 출간물은 앞서 언급한 논문 〈여성에 대한 중대한 제안〉의 제1부이고, 몇 년이 지난 1967년에 제2부가 나왔다. 1700년 또 다른 페미니스트적 저작인 〈결혼에 관한 비판적 고찰(Some Reflections Upon Marriage)〉을 펴냈고, 이듬해에는 대표작인 〈영국국교회의 딸이 공언하는 기독교(The Christian religion, as profess'd by a Daughter of the The Church of the England)〉를 썼다. 신학 및 철학 저서 역시 성불평등문제를 다루고 있으며, 여성은 기독교 교리를 단순히 권위에 의해 수용하는 것이 아니라 이성적인 이해를 기반으로 배우고 연구해야 한다고 주장했다.

18세기에 들어서면서 애스텔은 철학계에서 활발한 활동을 벌였다. 여성이라는 한계에도 불구하고 당대의 유명한 사상가들과 직간접적으로 관계를 맺었다. 비교적 초기 작품인《신의 사랑에 관한 서신들(Letters Concerning the Love of God)》(1695)은 존 노리스(Norris John)와 주고받은 서신 모음집이다. 존 노리스는 오늘날 잘 알려지지는 않았지만 당대에는 중요한 철학자 중 한 명이었다.

존 로크 역시 당대의 유명한 철학자 중 한 명이었으나, 애스텔은 그와 직접적인 교류는 없었다. 그러나 로크의 경험론을 날카롭게 비판하며 그의 철학 작업에 깊이 관여했다. 그녀는 당대의 여성 철학자이자 존 로크의 동료였던 대머리스 마셤(Damaris Cudworth Masham, '대머리스 커드워스' '대머리스 커드워스 마셤' '레이디 마셤' 등으로도 알려짐)에게 간접적으로 이의를 제기했다. 〈영국국교회의 딸이 공언하는 기독교〉를 통해 마셤의 논문 〈신의 사랑에 관한 강론(A Discourse Concerning the Love of God)〉(1696)에서 주장한 내용을 반박한 것이다. 애스텔이 로크를 반박한 것처럼 보이지만 사실상 반박의 대상은 마셤이었다. 마셤은 애스텔이나 당시 다른 여성들처럼 익명으로 출간을 했다.

애스텔의 저작은 사후에 금세 종적을 감췄지만 당시에는 널리 읽혔다. 지식인 여성들은 애스텔의 책을 같이 읽고 토론하면서 지식을 탐구하는 데에 많은 도움을 받았다. 비록 익명으로 출간했지만, 애스텔은 자신의 정체성까지 완전히 숨기지는 않았다. 그녀의 책들은 《걸리버 여행기(Gulliver's Travels)》의 저자 조나단 스위프트(Jonathan Swift)와 같은 작가들에게 풍자되며 17세기 말에서 18세기 초 사이에 유명해졌다. 또한 18세기 관념론 철학자인 조지 버클리(George Berkeley)는 자신의 개요서인 《여성 편람(The Ladies Library)》(1714)에서 애스텔의 책을 표절하기도 했다.

그렇다면 애스텔은 철학자로서 어떤 위치에 있었을까? 곧 이야기하겠지만, 그녀는 페미니즘 철학자였을 뿐만 아니라, 당시의 몇몇 주요 사안에 대해서도 연구했다. 폭넓은 시각에서는 데카르트학파이자 플라톤학파로도 볼 수 있다. 근대 철학의 아버지인 르네 데카르트와 가장 위대한 철학자인 플라톤의 철학적 유산을 이어받았기 때문이다. 이 철학적 경향은 물질세계를 초월하는 정신세계의 가치를 강조하는 것이고, 이성을 통해 얻는 지식이 감각적 경험을 통해 얻는 지식보다 더 확실하고 주장한다. 애스텔 역시 〈여성에 대한 중대한 제안〉에서 이처럼 말했다.

우리는 마치 물질세계에서 벗어나듯이 우리 자신의 감각으로부터 벗어나야 한다. 그래야만 순수한 이성이 하는 말을 더 잘 들을 수 있다. 다시 말해 진리에 대한 경험적 증언에 의존하는 것이 아니라 … 원래 설계된 대로 인간의 이성이 작동할 수 있다는 뜻이다.

이는 로크의 경험론과는 완전히 반대되는 주장이다. 로크는 '인간의 정신을 백지 상태(타불라 라사, tabula rasa)와 같고, 지식은 세계를 경험해야 얻을 수 있는 것'으로 보았다.

실제로 애스텔은 중요한 철학적·신학적 지점에서 로크의 의견에 반대한다. 데카르트의 주장처럼 그녀는 '형태가 없고 불멸하는 정신이 이 세계에서는 형태가 있고 불멸하지 못하는 육체와 연결되어 있지만, 정신은 육체를 초월하므로 우리는 그것에 더 주의하고 주목해야 한다'고 주장했다. 그러나 데카르트와 달리 '모든 사람이 정신의 본질은 알아낼 수 없다'라고 주장했으며, 모든 정신이 동일하거나 동등한 능력을 가지고 있는 것은 아니라고 생각했다. 물론 정신이 가진 능력의 차이가 남성과 여성의 차이를 말하는 것은 아니다. 남성과 여성은 본질적으로 이성적 능력이나 도덕성이 동일하다.

이렇듯 애스텔은 자신의 페미니스트적 주장을 뒷받침하는 데에 데카르트의 철학을 활용했다. 남성과 여성의 정신적 능력이 동일하다면, 남성이 하고 있는 교육과 자기 계발을 여성에게 금지할 이유가 없는 것이다.

애스텔의 철학적 관점은 그녀의 페미니스트적 입장을 공고히 만든다. 예를 들면 인간의 자유의지와 자율성에 관한 이론은 '여성에게 그와 같은 자율성이 결여되어 있다'는 그녀의 확신을 강화한다. 애스텔의 학문은 다양한 분야가 어떻게 맞물릴 때에야 비로서 일관성 있고 복합적이며 독창적인 철학 체계가 형성되는지를 잘 보여준다.

훨씬 뒤에 등장한 페미니스트 사상과는 다르게, 애스텔은 '여성의 권리가 부족하다'는 점이나 '가부장적인 사회에서 억압당한다'는 점에 관심을 갖지는 않았다. 그 대신 사회 관습과 교육 부족으로 여성이 '스스로' 자만과 허영심 같은 윤리적 결함을 갖고 타락하는 모습을 보여줬다. 그녀는 논문 〈여성에 대한 중대한 제안〉에서 다음과 같이 언급했다.

만약 유아기부터 무지와 자만을 키우고 오만과 심술 … 변덕과 불성실을 배운다면, 이러한 행동의 악영향이 성인이 되어 나타나는 것은 당연한 일이다.

사회적 성차별은 여성이 이성적이고 윤리적인 존재가 되기 어렵게 만든다. 이 문제에 관한 그녀의 반응은 광범위한 사회적 변화를 주장하는 것이 아니었다. 애스텔은 '남성은 여전히 특권을 누릴 것이고, 우리는 그들의 합법적 특권을 침해하려는 것은 아니다'라고 주장했다. 대신 여성이 억압받는 문제를 해결할 두 가지 전략을 제시했다.

첫째, 여성만이 참여할 수 있는 교육 기관: 이 기관의 목적은 관습적으로 살아온 우리의 '무지'라는 안개를 걷어내고, 우리 정신에 알차고 유용한 지식을 가득 채워 넣는 것이다.

여기서 여성들은 스스로를 도덕적이고 이성적인 존재로 계발할 수 있고 다른 여성들과 우정도 쌓을 수 있다.

둘째, 여성 각자가 지성과 도덕을 스스로 함양할 수 있는 자기 계발 방법: 우리의 유일한 목표는 우리 마음의 주인이 되는 것이다.

Mary Astell

여성들은 철학적 사유와 감정 조절을 통해 사회 관습의 폭압과 자신의 감정적 동요로부터 마음이 자유로워질 수 있다. 애스텔은 비록 여성의 사회적 지위는 당장 변하지 않더라도 여성 독자들이 자신만의 자율성을 얻길 소망했다.

〈여성에 대한 중대한 제안〉뿐만 아니라 〈결혼에 관한 비판적 고찰〉에서도 결혼 제도에 대해 비판했는데, 이는 오늘날에도 여전히 급진적인 생각으로 받아들여지고 있다. 애스텔은 결혼을 신성한 제도로 인정하고 결혼 생활에서 여성이 사실상 남편에게 순종의 의무를 다해야 한다고 믿었지만, 그럼에도 대부분의 결혼은 여성에게 해가 된다고 주장했다. 남성들은 독단적이고 비합리적으로 권력을 행사해 여성들로 하여금 어쩔 수 없이 남편 앞에서 합리성과 자율성을 포기하도록 만든다. 그러나 이미 결혼한 여성은 여기서 벗어날 수 없다고 생각했다. 엄격한 기독교 신앙을 가진 애스텔에게 이혼은 있을 수 없는 일이었으므로, 대부분의 여성은 결혼하지 않는 편이 낫다는 의견을 넌지시 내비쳤다.

만약 여성들이 시간을 갖고 곰곰이 생각해봤다면 웬만해서는 결혼하지 않았을 것이다.

이러한 체제 전복적인 주장은 〈여성에 대한 중대한 제안〉에서 제안한 독립적인 여성 공동체에 대한 주장과 일맥상통한다. 여성은 어디서나 남성의 성적 접근에서 자유로울 수 있고, 음흉한 남성의 무례한 시도로부터 몸을 지킬 수 있다.

애스텔은 자기모순을 느낀다. 그녀가 주장하는 페미니즘은 사회적 보수주의와 같은 편에 서 있고 부족한 부분도 자주 발견된다. 예를 들어 여성의 교육 공간에 대한 제안은 특정 계급에 속하거나 경제력 있는 여성들을 대상으로 한다. 그들은 이 프로젝트에 참여하기 위해 500~600파운드를 지불할 여유가 있는 '품격 있는 사람들'이다. 애스텔의 글에는 가난한 노동계급의 여성이 당하는 억압은 등장하지 않는다. 그리고 계급 기반적인 사회적 체제를 옹호한다. 애스텔은 상호교차성 페미니스트가 아니었다. 가부장적인 억압에 대한 집단적 저항보다는 여성 개인의 자기 변혁에 더 초점을 모은다.

더군다나 비물질적이고 불멸하는 정신이나 영혼과는 다르게 물질적인 육체의 가치는 낮게 평가했다. 이 점에서 강력한 페미니즘 전통과 불화한다. 이 페미니즘 전통은 체현의 중요성을 다시 강조하고, 정신의 고양은 남성적인 이상으로 해석한다. 그녀의 철학이나 페미니즘의 토대가 되는 기독교 신앙은 나날이 늘어가는 세속적인 독자층과 잘 맞지 않거나, 종교는 곧 가부장적 권력 유지라고 여기는 세상과도 어울리지 않는다.

이러한 쟁점에도 불구하고 애스텔은 다른 여성들이 자신의 능력을 발휘할 수 있도록 돕고 헌신했던 여성으로 기억되고 있다. 세상을 떠나고 얼마 지나지 않아 거의 잊혀졌지만, 우리는 페미니스트 철학의 역사 전반에 그녀의 사상이 공명하는 것을 알 수 있다. 학자들은 그녀의 철학을 권력, 자율성, 트라우마, 분리주의에 관한 이론을 제시하는 현대 페미니즘과 연결한다. 심지어 최근에는 '가스라이팅' 현상과도 관련짓는 연구가 나왔다. 애스텔이야말로 남녀불평등 문제를 지적했을 뿐만 아니라 해결책까지 제시한 최초의 영국 페미니스트라고 주장하는 사람도 있다.

애스텔의 철학을 더 알고 싶다면 날카로우면서 재미있는 〈여성에 대한 중대한 제안〉을 탐독해보라. 훌륭하지만 아직 잘 알려지지 않은 여성 철학자에게 빠져드는 데에 탁월한 입문서가 되어줄 것이다.

메리 울스턴크래프트는 여성이 더 나은 교육을 받아야 하고 여성의 지적 능력이 남성과 동일하다고 주장했던 유일한 철학자는 아니다. 여성이 능력을 갖추지 못하도록 막는 사회적 관습을 비판한 것도 최초가 아니었다.

하지만 이러한 관점을 옹호하는 동시에 여성도 충분히 능력을 갖춰야 한다고 주장한 여성으로서는 최초였다.

메리 울스턴크래프트
Mary Wollstonecraft

영국, 1759~1797

산드린 베르제(Sandrine Bergès) 글

메리 울스턴크래프트

'메리 울스턴크래프트'가 누구나 아는 이름은 아닐지 모른다. 그러나 적어도 이 책에서는 가장 유명한 여성일 것이다.

메리 울스턴크래프트는 오늘날 여성의 권리를 위해 용감하게 저항하고 급진적인 교육 개혁을 부르짖어 명성을 얻었지만, 이것도 꽤 최근의 일이다. 살아생전에는 글을 써서 유명해졌지만 세상을 떠나고 몇 년간 평판이 급속도로 나빠졌는데, 이는 그녀의 활동보다는 삶의 선택과 관련 있었다(남편은 회고록에서 그녀의 개인적인 일을 세세히 밝혀놓았다). 20세기 초에는 버지니아 울프(Virginia Woolf)나 에마 골드먼(Emma Goldman) 같은 페미니스트들과 함께 다시 유명해졌지만, 이번에는 그녀의 업적보다는 삶에 더 관심을 가졌다.

나는 그녀를 우연히 만났다. 남자 동료 하나가 '우리 정치사상사 커리큘럼에 포함할 여성 사상가가 충분치 않다'

며 《여성의 권리 옹호(A Vindication of the Rights of Woman)》(1792)를 추천했다. 그리고 난 며칠 동안 그 책을 집중해서 읽었다.

메리 울스턴크래프트는 1759년 런던에서 태어났다. 메리가 태어나자마자 그녀의 가족은 할아버지에게 제조 공장을 물려받았다. 그러나 그녀의 아버지는 딸이 10대 소녀가 될 때까지 내내 도박과 술에 빠져 지냈고, 가족은 지독히도 가난하게 살아야 했다. 빚쟁이를 피해 계속 이사를 다닌 탓에 학교 교육을 제대로 받을 수 없었다. 똑똑하고 호기심 왕성한 소녀는 도서관을 드나들며 꽤 알차게 독학을 했다(그리스어와 라틴어는 잘 몰랐고 프랑스어는 원하는 만큼 유창하지 못했지만 말이다). 10대 시절에 요크셔주 베벌리의 제인 아든(Jane Arden)이라는 친구에게 보낸 철자도 틀리고 표현도 서툴렀던 편지부터 시작해 인생 말년에 스칸디나비아에 관해 쓴 절묘하고 아름답고 예리한 편지에 이르기까지, 그녀의 글쓰기 기술이 어떻게 발전했는지 살펴보는 것도 꽤 흥미롭다. 그녀는 성장 과정에서 여성이 권리를 갖지 못하는 사회에서 산다는 것은 어떤 것인지 고통스럽게 배워야 했다. 아버지는 술만 먹으면 어머니를 때리는 폭력적인 인간이었다. 어머니의 관심 부족에 불만이 많았던 메리는 어머니를 다소 잔인하게 묘사했지만, 그녀의 남편 윌리엄 고드윈(William Godwin)은 아버지가 술 마신 날 밤에는 어린 메리가 어머니의 침실 앞에선 진을 치고 지켰다고 전한다. 어린 시절 폭력적인 아버지와 살았던 메리는 결혼 생활이 힘없는 여성에게는 잔혹할 수 있다는 사실을 일찌감치 깨달았을 것이다. 그녀가 20대 후반이었을 때 여동생이 결혼을 했는데, 제부 또한 폭력적인 인물이었다. 동생이 함께 살 수가 없다며 불만을 토로하자 메리는 그 즉시 여동생을 탈출시켰으며, 자신이 책임지고 동생의 안전을 지켰다.

어릴 때부터 독학을 해야만 했기 때문에 작가로서 메리의 관심사는 '교육 사업'이었다. 이는 최초로 시도한 밥벌이 중 하나이기도 했다. 여동생들과 친구인 패니 블러드(Fanny Blood)와 함께 런던 북부의 뉴잉턴 그린이라는 마을에 여자아이들을 위한 학교를 세웠다. 그러나 패니가 신랑과 함께 포르투갈로 이사를 가는 바람에 오래 운영되지 못했다. 패니는 출산 후에 건강이 급격히 나빠졌고, 메리는 친구를 도우려 포르투갈까지 갔다. 그러나 얼마 지나지 않아 패니는 세상을 떠나고 말았다. 메리가 런던에 돌아왔을 때, 학교는 이미 파산한 상태였다. 이 경험은 그녀의 인생에서 매우 중요한 순간이었다. 메리 울스턴크래프트가 남긴 글의 대부분은 여자아이들의 교육과 관련이 있다.

학교가 문을 닫자 빚더미에 앉았다. 그녀가 일단 할 수 있는 일은 책을 쓰는 것이었다. 이때 쓴 책이 《딸들의 교육에 관한 생각(Thoughts on the Education of Daughters)》(1787)이었다. 이 책에서 그녀는 교육 분야에서 남녀평등에 관한 개념적 논의를 발전시키기 시작했다. 젊은 여성들에게는 결혼하기 전 해외여행을 다녀오라고 제안하기도 했다. 가정을 꾸리고 정착하기 전에 세계를 여행하고 시야를 넓히면, 남성들이 어떻게 아내에게서 부당한 이익을 취하는지 알 수 있다는 것이다. 책은 잘 팔려 나갔다. 당시에는 교육 관련 도서의 인기가 높았고, 그녀의 책을 펴낸 조지프 존슨(Joseph Johnson)이 출판 분야의 전문가이기도 했다. 하지만 빚을 모두 청산하지는 못했다. 메리는 돈을 벌기 위해 아일랜드의 청교도 귀족인 킹스보로(Kingsborough) 가문에 프랑스어 가정교사로 들어갔다. 몰상식하고 포악한 고용주 때문에 일이 순탄치만은 않았다. 하지만 가르치던 학생 가운데 마거릿이라는 평생 친구를 만들 수 있었고, 자신만의 철학을 구축할 수 있었다. 귀족적 태도가 사회에 미치는, 특히 어린 여자아이들에게 미치는 부정적인 영향에 대해 자주 언급한 이유도 아일랜드에서 몸소 겪은 경험에서 비롯되었을 것이라 추측한다.

Mary Wollstonecraft

아일랜드에서 지내는 동안에도 메리는 도서관 덕을 보았는데, 이곳에서 바로 18세기 프랑스 정치철학자 장자크 루소의 책을 읽게 되었다. 루소는 교육과 정치에 관한 저서뿐 아니라 소설로도 유명했다. 자서전과 소설, 철학을 혼합시킨 루소의 저서에 영감을 받은 메리는 자신의 이름과 여자 주인공의 이름이 같은 소설《메리(Mary: A Fiction)》(1788)를 집필했다. 이 소설은 어린 시절에 방치되었지만 훗날 스스로 읽고 쓰는 법을 깨우치며 지성을 연마한 젊은 여성의 이야기를 전한다. 메리는 처음에는 우정에 실망하고 나중에는 사랑에 실망하지만, 결국에는 성욕 없이 순수하게 사랑하는 관계에 정착한다.

그러나 고용주와의 관계가 너무나도 악화되어 더 이상 아일랜드에 머물 수 없게 되었다. 런던으로 돌아온 메리가 가장 먼저 찾아간 사람은 출판인 조지프 존슨이었다. 존슨은 그녀에게 서점 위층에 머물 수 있는 방을 제공했고, 자신이 만든 잡지 〈애널리티컬 리뷰(Analytical Review)〉에 실을 글을 번역하고 검토하는 일도 주었다. 메리는 존슨 옆에서 1787년부터 1792년까지 머물렀으며, 1797년 세상을 떠나기 전까지 계속해서 존슨의 일을 맡아서 했다.

출판인으로 일한다는 것은 그녀가 책을 쓰기 전에 미리

독자들을 찾을 필요가 없다는 것을 의미했다. 당시에는 지금의 크라우드펀딩과 유사한 방식으로 출간을 했다. 책을 쓰면 구입하겠다는 사람들이 충분히 모인 다음에 인쇄업자와 계약을 맺는 방식이다. 존슨은 어떤 책이 잘 팔릴지 알았고, 메리가 자신을 위해 교육과 관련된 책을 더 많이 써주기를 원했다. 소설《메리》이후 두 권을 더 썼는데, 하나는 젊은 여성들을 위한 글 모음집이고, 또 하나는《실생활 속의 새로운 이야기들(Original Stories from Real Life)》(1788)이다. 이 책에는 여성 교사가 두 제자에게 이 세상이 어떤 곳이고 타인(남성, 여성, 가난한 자, 부자, 심지어 동물까지)을 어떻게 존중해야 하는지 가르치는 교훈적인 이야기가 담겨 있다.

메리 울스턴크래프트의 교육문제에 대한 헌신은 평생 떠나지 않았다. 가장 유명한 저서인《여성의 권리 옹호》도 여러모로 교육 개혁을 다루고 있다. 그녀는 여성이 사회에서 권리를 주장하려면 남성과 동등한 방식으로 교육을 받아야 한다고 주장한다.

에드먼드 버크(Edmund Burke)가 프랑스혁명에 반대하는 팸플릿에서 메리의 동료이자 멘토인 리처드 프라이스(Richard Price)를 공격하자, 메리는 이에 대한 첫 번째 응답으로《인간의 권리 옹호(A Vindication of the Rights of Men)》

(1790)라는 책을 썼다. 이 책에서 그녀는 자신의 신념을 명확히 설명했다.

자유로워진다는 것은 지배로부터 해방되는 것을 의미한다는 신념, 그러므로 사람은 누구나 스스로 결정을 내릴 수 있고, 그 범위 내에서 독립하는 것이 중요하다.

프랑스의 농노 계급은 혁명 전에는 주인에게 저항할 여유가 없었기 때문에, 그리고 주인에게 저항한다는 것이 어떤 의미인지조차 몰랐기 때문에 의존 상태에 머물러 있었다. 마찬가지로 남편에게 물질적으로 의존하는 여성도 자유롭지 못하다. 심지어 남편의 허락 없이는 아무 선택도 하지 못하는 여성은 자신이 처한 상황조차 깨닫지 못한다. 그런 의미에서 평등하지 못한 결혼 생활은 주인과 노예의 관계처럼 압제적인 상태다. 그녀는 《인간의 권리 옹호》에서 프랑스에서 빈곤층은 부유층에 고통스럽게 의존할 수밖에 없는 상황이고, 독립적 사고를 할 수 없는 상태라 쉽게 벗어날 수도 없다고 주장하면서, 프랑스혁명의 공화주의적 이념을 옹호했다. 이는 곧 그녀가 처음에는 여성이 아닌 빈곤층을 위해 철학적 투쟁을 벌였다는 것을 뜻한다.

몇 주 후, 존슨은 토머스 페인(Thomas Paine)의 《인간의 권리(Rights of Man)》(1791)는 펴내지 않아도 메리 울스턴크래프트의 책은 인쇄했다. 이듬해 한차례 우울증에 시달리던 메리를 지켜보다가, 여성의 권리 옹호에 대해 책으로 써보라고 권한 사람도 바로 존슨이었다. 이때부터 그녀는 공화주의가 여성에게 어떤 영향을 미칠지, 특히 교육이 어떻게 억압된 여성들에게 도움을 줄지를 고민하기 시작했다. 이윽고 그녀는 '억압받는 사람들은 현실에 맞춰 자신의 선호를 바꾸기 때문에, 나중에는 자신이 자유를 주장할 의지조차 상실한다'고 표현했다. 그들은 속박을 받아들이고 자신이 처한 상황을 정상이라고 생각하며, 심지어는 스스로 바라던 상태라고 믿을 때도 있다.

《여성의 권리 옹호》제2판이 나왔을 때 메리에게 파리에 가서 혁명에 관한 글을 써보라고 권유한 사람도 역시 존슨이었다. 메리는 1792년 연말 파리에 도착했는데, 그즈음에 왕의 재판이 막 시작되고 있었다. 우연찮게도 루이 16세가 처형장으로 끌려가는 모습이 메리가 파리에서 최초로 목격한 장면이었고, 공포 분위기 속에서도 의연한 왕을 보니 오히려 마음이 아팠다고 한다. 이곳에서 그녀는 미국인 사업가 길버트 임레이(Gilbert Imlay)를 만나 연인 관계가 되었다. 1794년 메리는 임신을 했고, 영국 여성으로 체포되는 것을 피하기 위해 미국대사관에서 (거짓으로) 길버트의 아내로 등록했다. 그런 다음 신변 안전을 위해 교외로 피신했다가, 다시 르아브르로 가서 딸 패니를 낳았다. 프랑스에서 머무른 2년 반 동안《프랑스혁명의 기원과 전개에 관한 역사적 도덕적 견해(An Historical and Moral View of the Origin and Progress of the French Revolution)》(1794)라는 책을 썼다. 이 책은 미라보(Honoré Gabriel Victor Riqueti, Comte de Mirabeau), 브리소(Jacques Pierre Brissot), 콩도르세(Marie Jean Antoine Nicolas de Caritat, Marquis de Condorcet)와 같은 프랑스혁명 작가들이 쓴 글에 대한 비평문이다.

메리가 르아브르에서 책을 쓰고 딸아이를 키우고 있을 때, 남편 임레이는 런던에서 다른 오페라 가수와 동거하고 있었다. 이 소식을 들은 메리는 자살 시도를 했다. 임레이는 메리를 돕기 위해 (물론 떠나보내려 했다고 해도 의심할 여지는 없지만) 프랑스로 밀반출했던 은 화물의 손실액을 조사하려는 목적에서 그녀를 스칸디나비아로 보냈다. 대리권을 가진 메리는 어린 딸과 프랑스인 하녀와 함께 북쪽으로 출발했다. 스칸디나비아에서 머무는 동안《스웨덴, 노르웨이, 덴마크에서 단기간 체류하는 동안 쓴 편지(Letters Written

During a Short Residence in Sweden, Norway and Denmark)》(1796)
를 펴냈는데, 이 책에는 스칸디나비아에 관한 사회적 · 정
치적 견해뿐 아니라 미학적 견해까지 담겨 있다.

메리 울스턴크래프트가 스칸디나비아에서 돌아왔을 때,
메리 헤이스(Mary Hays)는 그녀에게 철학자 윌리엄 고드윈
을 소개시켜주었다. 존슨의 출판사에서 한 번 만난 적이 있
었던 두 사람은 곧 연인이 되었고, 임신 사실을 알게 되자
1797년에 결혼했다. 임신 기간 동안 메리는《마리아(Maria;
or, The Wrongs of Woman)》(1798년 유작 출간)라는 소설을 썼다.
이 책은 사회적 배경과 상관없이 남성의 지배가 여성에게
어떻게 피해를 주는지에 관해 다룬다. 소설에는 어느 가부
장적 남성과 결혼한 귀족 여성 마리아의 이야기가 나온다.
남편이 마리아를 정신병원에 가두는 바람에 도망가지도 못
하고 아이도 키울 수 없었다. 마리아의 간수인 제미마는 어
린 시절부터 학대받고 길거리에서 매춘부로 살았던 가난한
여성이었다. 그러다가 운 좋게도 독학을 해서 직업을 얻게
되었다. 소설은 출신 배경이 다른 두 여성이 서로의 공통점
을 발견하면서 상대를 천천히 알아가는 모습을 보여준다.

이즈음 메리 울스턴크래프트는 자녀 양육에 관한 책도 쓰
기 시작했다. 이 책에서는 어머니와 아버지의 동등한 역할

을 강조했다. 하지만 책을 완성하기도 전인 1797년 9월 산욕열로 세상을 떠나고 말았다. 둘째 딸을 낳은 지 열흘 뒤의 일이었다. 첫째 딸 패니 임레이(Fanny Imlay)는 젊은 나이에 스스로 목숨을 끊었다. 둘째 메리 고드윈(Mary Godwin)은 어머니를 닮아서 글쓰기와 여행을 좋아했고 불행히도 미덥지 않은 남자를 좋아하는 것까지 빼닮았다. 그녀는 퍼시 셸리(Percy Bysshe Shelley)와 결혼하고 영국의 위대한 소설 작품 중 하나인 《프랑켄슈타인(Frankenstein)》을 썼다.

메리 울스턴크래프트는 여성이 더 나은 교육을 받아야 하고 여성의 지적 능력이 남성과 동일하다고 주장했던 유일한 철학자는 아니다. 여성이 능력을 갖추지 못하도록 막는 사회적 관습을 비판한 것도 최초가 아니었다. 하지만 이러한 관점을 옹호하는 동시에 여성도 충분히 능력을 갖춰야 한다고 주장한 여성으로서는 최초였다. 그녀는 제안만 하지 않았다. 아동을 위한 이야기든 정치철학적 논문이든 그녀의 글은 지금 바로 실행에 옮길 수 있도록 변화를 위한 방향을 제시했다. 고통의 원인을 분석하고 최선의 대안을 제시하면서 세상을 변화시켰다는 점에서, 마사 누스바움이나 아마르티아 센(Amartya Kumar Sen)과 같은 오늘날의 여성 철학자들과 더 많은 공통점을 가지고 있다.

헤리엇 테일러 밀은 결혼, 여성의 권리와 교육, 개인을 억누르는
사회의 힘, 특히 당시 여성의 덕성과 행복에 관한 글을 남겼다.
그녀는 '섹스(sex)'와 오늘날 우리가 '젠더(gender)'라 부르는 것
을 구분했다. '젠더'는 태어날 때부터 교육을 통해 뿌리 깊게 형
성된 사회 구성물이며 오늘날 가부장제의 핵심 요소가 되었다고
설명한다.

해리엇 테일러 밀
Harriet Taylor Mill

영국, 1807~1858

헬렌 매케이브(Helen McCabe) 글

해리엇 테일러 밀

해리엇 테일러 밀의 철학적 업적은 두 번째 남편인 존 스튜어트 밀의 학문적 위상 때문에 오랜 시간 가려져 있었다. 존 스튜어트 밀은 그녀가 자신에게 영감을 주고, 토론도 함께하고, 공동 연구도 하고, 공동 저자로도 활동했다며, 해리엇의 공헌을 열심히 알리려 노력했지만 소용이 없었다. (해리엇 테일러 밀은 그녀의 실제 이름이 아니다. 처음에는 해리엇 하디였다가, 그다음에는 해리엇 테일러가 되었다가, 나중에는 해리엇 밀이 되었다. 이 책에서는 세 이름을 혼용한다.)

테일러 밀의 인물평에 근거해 스튜어트 밀의 설명이 묵살되는 경우가 많다. 여기서 나는 한편으로는 반감과 혐오에 가려지고, 다른 한편으로는 스튜어트 밀의 찬사에 가려진 해리엇 테일러 밀의 진짜 모습을 밝히고자 한다. 그녀는 한 인간이었고 여성이었으며 비범한 인물이었다.

1807년 10월 8일 런던에서 해리엇은 외과의사인 아버지 토머스 하디(Thomas Hardy)와 어머니 해리엇 하디(Harriet Hardy)의 딸로 태어났다. 형제는 그녀를 포함해 여섯 명이었다. 해리엇은 부모의 편협하고 이기적인 태도를 강렬히 거부했다. 가정에서 교육을 받으며 여러 언어를 배우고, 문학, 역사, 철학 등 분야를 가리지 않고 폭넓게 독서를 했다. 신문과 정기간행물도 꼬박꼬박 챙겨 읽었다. '나의 펜은 내 감정의 속도를 따라잡지 못한다'고 불평했지만, 실제로 그녀가 쓴 글은 매우 세련되고 인상적이다.

당시 사람들은 해리엇을 매우 아름다운 여성으로 묘사해놓았다. (영국국립초상화미술관에 소장된 초상화를 보면) 목이 길고 얼굴은 갸름하며 눈은 크고 짙은 갈색이다. 길고 검은 머리칼은 돌돌 말아서 우아하게 세팅했다. 또한 지적이고, 열정적이고, 상상력이 풍부하고, 예리하고, 고집이 세고, 정이 많고, 사려 깊고, 때로는 불의를 못 참으며, 무자비하고, 불공정하고, 옹졸하고, 지성과 감성에 정직하지 못한 것을 싫어했다.

1826년 해리엇은 29세의 제약 도매업자인 존 테일러(John Taylor)와 결혼했다. 그녀는 남편을 올곧고, 너그럽고, 용감하고, 고결하며, 자유로운 소신과 훌륭한 교양을 갖춘 남자로 묘사했고, 온 마음을 다해 사랑했다. 부부의 첫째 아이인 허버트(Herbert Taylor)는 1827년에, 둘째 앨저넌(Algernon Taylor, '하지'로 알려짐)은 1830년에, 막내 헬렌(Helen Taylor, '릴리'로 알려짐)은 1831년에 태어났다.

해리엇 테일러와 존 테일러는 급진적 정치사상의 소유자들이었다. 부부는 자유사상가 그룹에 들어가 활동했는데, 훗날 스튜어트 밀도 이 모임에 참여한다. 동료들이 모르는 사이에 스튜어트 밀은 기독교 신앙을 상실하면서 느낀 '심각한 낙담'으로부터 회복되고 있었다. 테일러 밀은 이렇게 적었다.

그는 그동안 구축한 인생의 토대 전체가 무너졌다. 이제 새로운 인격을 형성하기 위해 자연에서 힘을 찾기를 갈망했다.

존 스튜어트 밀은 다름 아닌 해리엇에게서 그 힘을 발견했다. 스튜어트 밀에게 해리엇은 맑은 여름 하늘에 내리친 벼락 같은 존재였다. 그의 어두운 마음에 번쩍이는 번갯불이 되었다. 두 사람은 이내 사랑에 빠졌다. 테일러 밀은 남편과 이별하려 했지만, 스튜어트 밀이 말리며 다음과 같은 편지를 썼다.

지금 우리는 서로 떨어져 있지만 다시 만날 수 있고 만나야만 합니다. 이것이 끝은 아닙니다.

테일러 밀은 결혼, 여성의 권리, 여성의 교육, 개인을 억누르는 사회의 힘, 특히 당시 여성의 덕성과 행복에 관한 글을 다수 남겼다. 그녀의 분석은 절묘하고 수준 높고 독창적이었다. 테일러는 '섹스(sex)'와 오늘날 우리가 '젠더(gender)'라 부르는 것을 구분했다. '젠더'는 태어날 때부터 교육을 통해 뿌리 깊게 형성된 사회 구성물이며 오늘날 가부장제의 핵심 요소가 되었다고 설명한다.

그리고 남편이 아내에게 행사하는 권력과 개인의 마음 속에 서서히 퍼지는 사회 권력에 대해 강하게 비판했다. 결혼의 본질(생계를 위해 성을 교환하는 것), 혼인 서약의 부당성, 이혼의 불가능성, 법적으로 성관계를 동의할 수 있는 나이가 된 성인들 간의 애정 표현을 위한 법률 제정, 금욕적인 삶보다 자기 발전과 개성 추구, 삶의 향유를 통한 행복의 중요성을 과감하게 주장했다. 테일러는 성과 도덕을 연결시켜 논쟁을 일으킬 만한 글을 썼다.

진정한 의미의 성(性)은 인간의 본성 중 가장 훌륭하고 아

Harriet Taylor Mill

름다운 것을 모두 드러내는 방식이다. … 물질적인 감각을
최고 수준으로 확장하고 정제하는 사람이 … 창조의 목적
을 가장 잘 실현하는 사람이다. 다시 말해, 가장 잘 즐길 줄
아는 사람이 가장 도적적인 사람이다.

테일러와 밀이 실제로 이 철학을 실행에 옮겼는지의 여
부는 여전히 논쟁 중이다. 하지만 1833년 9월 말, 테일러
밀은 첫 번째 남편으로부터 독립하면서 적어도 자신의 주
장 중 일부는 실행에 옮겼다. 당시에는 법적 별거의 권리가
없었다. 즉 자녀들에게 접근할 수 없었고, 재정 지원을 받
을 수 없었고, 생계 수단도 거의 없었다. 이 자체가 그녀에
게 엄청난 도전이었던 것이다.

스튜어트 밀은 곧 파리에서 테일러를 만났고, 두 사람은
마침내 온전한 행복을 누릴 수 있었다. 하지만 스튜어트 밀
이 편지에 썼듯 행복을 유지하는 데에 유일하게 방해가 된
것은 존 테일러와 세 자녀였다.

테일러 밀은 자신과 스튜어트 밀, 두 사람만 행복하게 살
고자 했던 유일한 사람들이 아니었다는 사실을 깨달았다.
그녀는 자신의 도덕적 원칙을 실천하고, 모든 사람의 행복
을 극대화하고자 노력하기로 마음먹고 다시 런던으로 돌아

왔다. 런던에서 두 사람은 성관계를 맺지 않고 이른바 '플라토닉러브'를 나누는 결혼 생활을 이어갔다. 테일러 밀은 사회적으로 고립되기 싫어 남편의 집에 오래 머물지는 않았다. 또한 신체에 부분 마비 증상이 있었고 전반적으로 건강이 좋지 않았다. 그럼에도 이후로 10년 넘게 윤리와 종교에 관한 글을 썼고, 스튜어트 밀의 집필 작업에도 참여했다.

《정치경제학 원리(Principles of Political Economy)》(1848)의 본문에 필요한 모든 것을 제안하고, 밀에게 '생산의 법칙은 (중력의 법칙처럼) 확정될 수 있지만 분배의 법칙은 변동 가능하다'는 점을 설득해 책의 전반적인 '논조'를 정하기도 했다. 테일러 밀은 부자와 가난한 자의 존재는 자연이나 종교에 의해 정해지는 것이 아니라 인간의 활동에서 비롯되었다는 사실을 인식하고 있었다. 따라서 개혁을 요구하는 노동자들에게 상황이 바뀌지 않는다는 핑계로 속여서는 안 되고, 이것이 최선의 사회적 합의라는 점을 증명해야만 했다.

《정치경제학 원리》에서 현상에 대한 개선과 대안은 테일러 밀의 말에서 빌려 왔다. 이 책에서 테일러와 스튜어트 밀은 어떻게 노동자들의 증가하는 독립 요구가 자본가와의 임금 관계를 거부하고 이익분배제도를 찬성하며, 결국 자본가들에 대한 어떤 형태의 의존도 거부하는 대신 생산자

　　　　　　　　　　　　Harriet Taylor Mill

와 소비자가 협력하는지를 설명해준다. 유기적이고 단편적인 변화의 과정을 통해, 모든 사유재산은 노동자가 운영하고 관리하는 협동조합으로 모이고, 우리는 사회정의에 가장 근접한 사회주의적 이상에 도달할 것이며, 보편적인 선을 위해 가장 유익한 질서가 눈앞에 펼쳐질 것이다.

《정치경제학 원리》를 통해 스튜어트 밀은 확실히 시대의 선구자로 명성을 얻게 되었다. 그는 이 책에 헌신한 테일러 밀에게 공을 돌리려 했지만, 밀의 자서전(1873)에 따르면 그녀는 대중의 관심을 받기 싫어 거절했다고 한다. 곧 제2판이 나왔는데, 이를 준비할 때도 테일러 밀이 깊이 관여했다.

1849년 존 테일러가 심각한 병에 걸렸다. 테일러 밀은 존의 집으로 돌아가 혼신의 힘을 다해 간호하지만 아무런 소용이 없었다. 이제 테일러 밀은 공식적으로 스튜어트 밀과 자유롭게 결혼할 수 있게 되었다. 하지만 스튜어트 밀 가족들의 반대에 직면했다. 또한 스튜어트 밀이 〈결혼에 관한 성명서(Statement on Marriage)〉(1851)에서 페미니스트적 입장에서 결혼을 반대한 내용도 걸림돌이 되었다. 그럼에도 두 사람은 1852년에 결혼을 했다. 이 기간에 테일러 밀은 무명으로 《여성의 해방(The Enfranchisement of Women)》(1851)이라는 책을 출간했고, 이 책에서 주장한 여성참정권에 관한 아이디어는 사회구조적인 여성 억압에 대한 비판서인 스튜어트 밀의 《여성의 예속(The Subjection of Woman)》(1869)에 녹아들었다. 10년 뒤에 부부는 함께 스튜어트 밀의 자서전을 만들고, 가정폭력에 관한 글도 썼으며 《자유론(On Liberty)》(1859)도 집필했다.

일반적으로 《자유론》은 정치철학 분야에서 스튜어트 밀의 가장 위대한 공헌으로 여겨진다. 그러나 우리는 테일러 밀의 공도 생각해야 한다. 이 책은 역사상 가장 확실하고도 열정적으로 언론의 자유를 옹호한 책이다. 《자유론》은 개인의 자유를 전반적으로 옹호하되, 개인이 다른 사람에게 피해를 끼치는 경우에만 그 행위를 강제적으로 막을 수 있다고 주장한다. 이는 강하게 반(反)온정주의적 입장이다. 이른바 개인의 선(善)이 다른 사람의 의지에 반하는 어떤 일을 하도록 강요하는 구실이 될 수 없다고 단호히 말한다. 또 한편으로는 자기 창조적이고 자기 발전적인 '개성'을 강력하게 지지한다.

불행히도 테일러 밀의 건강이 악화되어 1858년 11월 3일 아비뇽에서 숨을 거두었다. 《자유론》이 출간되기 1년 전이었다. 이 책은 다음과 같은 헌정사로 시작한다.

나의 글에 담긴 가장 훌륭한 생각에 영감을 주고 일부는 직접 쓴 저자이기도 한 사람, 진리와 정의에 대한 높은 식견으로 나에게 강한 동기를 부여하고 칭찬 한마디로 나를 기쁘게 해준 나의 친구이자 아내인 사랑하는 그녀를 가슴 아프게 떠올리며 이 책을 그 사람에게 헌정한다.

내가 오랫동안 써왔던 다른 책과 마찬가지로 이 책도 나와 그녀가 함께 쓴 것이나 다름없다. … 비할 데 없이 지혜로운 그녀에게 더 이상 도움을 받지 못한 채 글을 쓴다면 보잘것없을 것 같다. 오히려 무덤에 갇힌 위대한 사상과 고매한 감성을 절반만이라도 해석해서 세상에 보여줄 수만 있다면, 그것이 훨씬 더 유익한 일이다.

1873년 스튜어트 밀은 집에서 저 멀리 해리엇의 무덤을 바라보며 눈을 감았고, 그녀 옆에 잠들었다.

해리엇 테일러 밀의 인생과 시대 상황을 살펴보면, 그녀가 정치와 경제와 철학에 기여한 공헌이 너무 알려지지 않고 저평가되었다는 사실을 알 수 있다. 이제 우리가 그녀를 더 잘 알아야 할 때가 되었다.

조지 엘리엇은 소설이라는 문학 형식을 통해 인간 세계의 상호 연계성을 그려내는 심오한 철학적 작업을 완수했다.
그녀의 소설을 읽다 보면 어느새 소설 세계의 연결망 안에 들어가 있다. 소설 속에서 일어난 사건에 감정적 영향을 받기도 하고, 우리의 해석과 공감이 소설 속으로 유입되기도 한다.

조지 엘리엇(메리 앤 에번스)
George Eliot(Mary Anne Evans)

영국, 1819~1880

클레어 칼라일(Clare Carlisle) 글

조지 엘리엇(메리 앤 에번스)

조지 엘리엇은 모두가 인정하는 영국 문학의 여왕이지만, 서양 철학사에도 이름을 남길 가치가 있는 인물이다. 1819년 메리 앤 에번스라는 이름으로 태어나, 1880년 메리 앤 크로스(Mary Ann Cross)라는 이름으로 세상을 떠났다. 성인이 되어서는 작가인 조지 헨리 루이스(George Henry Lewes)와 오랜 기간 같이 일했기 때문에 '루이스 여사'로 알려지길 바랐다. 하지만 1850년대에 소설을 쓰기 시작하면서 조지 엘리엇이라는 필명의 남성으로 가장했다. 여성이 썼다는 사실이 밝혀지면 독자들이 자신의 소설을 심오한 철학적 작품으로 받아들이지 않으리라 생각한 것이다.

《플로스강의 물레방아(The Mill on the Floss)》(1860)의 여주인공 매기 털리버처럼, 어린 메리 앤은 지적 욕구가 대단했다. 그녀의 호기심과 영적 감수성은 머지않아 보수적 중하류층 영국국교도 집안의 틀을 넘어섰다. 10대에는 독실한 신앙인이었지만, 1840년대에는 코번트리 근처의 자유사상가 그룹 사람들과 친구가 되었고, 기독교는 '진실과 허구가 뒤섞인 종교'라는 결론에 이르렀다. 일생 동안 편협하고 경직되고 옹졸한 것을 뛰어넘어 '폭넓은(wide, 그녀가 좋아하는 형용사 중 하나)' 관점, 열린 마음, 유연한 영혼을 소유하게 되었다. 뛰어난 지성과 놀라운 학문적 소질이 있었지만 옥스퍼드대학교나 케임브리지대학교, 유니버시티칼리지 런던이나 킹스칼리지에서 공부할 수 없었다. 영국에서는 19세기 말에 이르러서야 소수의 여성이 대학 교육을 받기 시작했기 때문이다. 조지 엘리엇이 되기 전의 메리 앤 에번스는 철학을 독학했다. 1843년 스피노자(Baruch Spinoza)를 읽으면서 친구인 세라 헤널(Sara Hennell)에게 이렇게 편지를 썼다.

탐구할 수 있는 자유를 위해 충분히 투쟁하기가 어렵다.

그녀의 관심사는 새로운 과학 이론부터 종교사까지 광범위했으며, 독일어 책도 두 권 번역했다. 1846년에는 슈트라우스(David Friedrich Strauss)의 《예수전(Life of Jesus)》을, 1853년에는 포이어바흐(Ludwig Feuerbach)의 《기독교의 본질(The

George Eliot(Mary Anne Evans)

Essence of Christianity)》(1856)을 번역했는데, 모두 19세기 기독교에 중요한 전환점을 가져온 책이었다. 1856년에는 라틴어로 된 스피노자의 《에티카(Ethics)》를 번역했다. 1840년대 중반에 스피노자의 《신학-정치론(Theological-Political Treatise)》 일부를 번역했지만 원고가 분실되어 전해지지 않는다. 1851년에는 이름을 좀 더 세련된 메리앤(Marianne)으로 바꾸고 런던으로 자리를 옮겨 〈웨스트민스터 리뷰(The Westminster Review)〉의 비공식 편집자가 되었다. 여성에게는 전례 없는 역할이었다. 그녀는 눈에 띄지 않게 영국의 지식 세계 심장부로 들어갈 수 있었다. 〈웨스트민스터 리뷰〉에 기고되는 수많은 새로운 문학 작품만 아니라, 당대 사회 이슈를 논평할 수 있는 기회를 얻었다. 사회 이슈에는 빅토리아시대 사람들이 '여성문제(the woman question, 가부장제 사회에서 여성의 위치를 다루는 문제로 당시에는 성평등이라는 개념이 점차 수용되는 분위기였다)'라고 부르는 것도 포함되어 있었다.

조지 엘리엇은 무엇보다도 자신의 소설 작품을 통해 철학에 기여한 바가 크다. 소설이라는 장르는 그녀에게 자유와 책임, 도덕적 약점과 권한, 성격의 발달과 같은 문제를 다양하게 탐구할 수 있는 넓은 캔버스를 제공했다. 《아담 비드(Adam Bede)》 《플로스강의 물레방아》 《사일러스 마

너(Silas Marner)》《로몰라(Romola)》《급진주의자 필릭스 홀트
(Felix Holt, The Radical)》《미들마치(Middlemarch)》《다니엘 데
론다(Daniel Deronda)》 등 부와 명예를 안겨준 소설들을 통
해 엘리엇은 철학적 문제가 더 이상 추상적이지 않다는 사
실을 보여준다. 복잡한 사회에 갇혀 물질적 돌봄, 정서적
욕구, 영적 갈망에 따라 움직이는 구체적인 남녀 등장인물
에 의해 철학적 문제가 생생하게 살아난다.

엘리엇은 이야기 속에서 인간에 대한 철학적 관점을 단
순화시키지 않고, 민감하고 정교하게 발전시킨다. 비록 등
장인물들은 고착된 습관에 따라 만들어지는 경우가 많지
만, 사람들을 원래 변화와 새로운 성장에 열려 있는 존재로
묘사한다. 이 점은 소설의 주인공 '사일러스 마너'의 발전
에서 가장 두드러진다. 사일러스 마너는 삶을 기계적으로
살아가는 가난하고 쇠약한 인간에서 사랑하고 사랑받는 아
버지이자 동료로 발전한다. 소설의 화자는 이렇게 말한다.

인간도 '베틀 손잡이나 구부러진 관'처럼 '따로 떨어져 있
으면 아무런 의미가 없다'.

19세기 유럽의 철학자들은 이마누엘 칸트의 위대한 철

학에 대응하면서 여러 방식으로 근대 철학의 아젠다를 설정했다. 19세기 초 새뮤얼 테일러 콜리지(Samuel Taylor Coleridge)가 칸트 철학을 보급하면서 영국 작가 세대에게 강력한 영향을 미쳤고, 이 세대를 뒤이은 엘리엇도 독일 철학을 가까이 접할 수 있었다.

셸링(Friedrich Wilhelm von Schelling)이나 헤겔(Georg Wilhelm Friedrich Hegel)처럼 야심찬 형이상학 철학자들은 칸트 철학의 결정론적 자연법칙과 절대적인 도덕적 자유의 이원론을 극복하고자 한 반면, 엘리엇은 윤리적이고 심리적인 문제에 더 주목했다. 그녀는 '종교가 윤리에서 그 정당성을 찾는다'는 칸트의 말에 동의했다. 이 관점은 포이어바흐에 의해 발전되었고, 그의 철학은 엘리엇도 높이 평가했다. 또 칸트가 신에 관해 추측하는 것을 불신하거나, 형이상학적 질문에 관해 이야기하는 것에 공감했다. 하지만 칸트가 도덕을 이성에 의해 규정된 것으로 본 반면, 엘리엇은 감정을 강조하는 낭만주의적 경향을 따랐다. 그녀는 특히 깊은 도덕적 (실제로는 구원적) 감정인 두 인간 영혼 사이의 '동정'에 관심을 가졌다. 동정은 그녀가 소설에서 반복적으로 극화한 공감적 연결고리였다. 또한 엘리엇은 칸트의 합리적 자율성에 관한 이상(理想)에 반대하고, 인간을 본질적으로 접촉과 관계를 통해 형성되는 상호의존적 존재로 보았다. 그리고 《미들마치》의 〈종곡(finale)〉 부분에서 다음과 같이 선언했다.

내면이 외부의 영향을 받지 않을 만큼 강한 사람은 없다.

이 사상은 스피노자의 《에티카》에서 영감을 받은 것으로 보인다. 그녀의 소설 속 등장인물들은 늘 상호의존적이다. 가족 간의 유대, 친구와의 우정, 사회적 관계를 통해 인물이 구성된다. 엘리엇은 가끔 전형적인 빅토리아시대의 도덕주의자로 잘못 평가되기도 하지만, 넓은 의미에서 도덕철학자였다. 무엇보다 인간의 행복에 관심이 많았고, 이 문제가 복잡하고 어렵다는 사실을 예리하게 인식했다. 마지막 소설인 《다니엘 데론다》에서 엘리엇은 이렇게 말했다.

행성처럼 인간은 보이는 역사와 보이지 않는 역사를 둘 다 가진다. 천문학자는 엄밀한 추론으로 행성의 궤도에서 눈에 보이는 모든 원호(圓弧)를 설명해낸다. 인간 행위의 서술자도 천문학자처럼 할 수 있다면, 모든 인간 행위의 순간에 떠오르는 생각과 감정의 숨겨진 경로를 밝혀야 할 것이다.

George Eliot(Mary Anne Evans)

그리고 '책에 있는 모든 것은 거기에 있는 다른 모든 것과 관련이 있다'는 말로써 이 책을 설명했다. 엘리엇은 소설이라는 문학 형식을 통해 인간 세계의 상호 연계성을 그려내는 심오한 철학적 작업을 완수했다. 등장인물과 사건의 관계를 묘사함으로써 생태적·사회적·정치적·심리적 힘들이 복잡하게 얽혀 있는 현실을 보여주었다. 그녀의 소설을 읽다 보면 독자들은 어느새 상상력을 발휘해 소설 세계의 연결망 안에 들어가 있다. 소설 속에서 일어난 사건에 감정적인 영향을 받기도 하고, 우리의 해석과 공감이 소설 속으로 유입되기도 한다. 《미들마치》의 화자는 말한다.

자신이 인간들의 모습을 하나하나 밝히고 그들이 어떻게 서로 직조되는지 지켜본다.

화자가 이 '지켜보는 일'을 완수하듯이, 우리 독자들도 그렇게 한다. 엘리엇의 소설은 소크라테스가 강조한 철학의 근본적인 작업, 즉 '나 자신을 아는' 길로 인도한다. 엘리엇은 스피노자처럼 '자기 인식'은 일종의 자유를 가져다준다고 믿었다. 물론 외부 환경은 여전히 제어할 수 없지만 말이다. 페미니즘 철학자이자 스피노자 연구가인 모이라

게이튼스(Moira Gatens)는 조지 엘리엇을 이렇게 표현한다.

그럼에도 불구하고 인간의 노력으로 자유를 쟁취하고 지식을 확장할 수 있다고 믿었던 결정론자였다.

엘리엇은 소설 속 등장인물들이 스스로를 깊이 이해하고, 그럼으로써 좀 더 만족하는 모습을 자주 그렸다. 목수인 아담 비드는 고통과 사랑의 경험을 통해 '존재가 확장되고' '삶이 충만해지는 느낌'을 받으며 인생에 대한 이해가 깊어졌다. '일종의 자유를 주는 것 같은 느낌'이다. 또한 엘리엇은 많은 등장인물이 자신과 타인을 이해하는 데에 실패하는 것으로 그린다. 《다니엘 데론다》에서 자존심 강하고 아름다운 궨덜린 할레스는 사랑하지는 않지만 부자인 그랜코트와 결혼할지 말지를 결정해야 한다. 엘리엇은 여러 복합적인 이유로 결국 궨덜린이 구혼자를 받아들이고 비참하고 파괴적인 결혼 생활에 기꺼이 돌입하는 것을 보여준다. 궨덜린은 그랜코트의 성격을 잘못 이해한다. 자기 가족의 경제적 문제를 타개할 해결책을 찾는다. 어머니의 안전이 보장되길 바란다. 관심, 물질적 만족, 사회적 지위를 원한다. 자존심 때문에 유일한 대안인 가정교사가 되는 것을 주저한다. 궨덜린은 그랜코트를 잘못 알았을 뿐 아니라 인간 자유의 본질도 오해하고 있다. 소설 초반부의 그녀는 자유로워진다는 것을 자기 뜻대로 한다는 것이라고 믿는다. 그랜코트와 결혼한 여러 이유 중 하나는 자신이 바라는 것을 그 남자가 모두 이루어줄 것이라는 잘못된 기대였다. 그래서 결국 남편의 폭압에 희생양이 되고 만다. 비록 엘리엇은 궨덜린에게 행복한 결말을 선사하지는 않았지만 자신의 실수와 우정을 통해 마침내 자기 인식에서 비롯된 영혼의 자유를 깨닫기 시작한다.

당대의 다른 소설가들과 비교해볼 때, 엘리엇의 소설은 철학적 깊이가 남다르다. 소설에서 결혼을 다루는 방식을 예로 들 수 있다. 물론 결혼은 19세기 소설에서 자주 다루는 중요한 주제였다. 엘리엇에게 결혼은 독자에게 '행복한 결말'을 제공하기 위한 플롯 장치를 훨씬 뛰어넘는 것이었다. 그녀는 결혼을 인간이 처한 상황이 심각하게 반영된 하나의 영역으로 보았다. 그녀의 소설에서 결혼은 (실제 인생도 그렇지만) 자연과 문화, 육체적 욕망과 정신적 욕망, 공적 생활과 사적 생활, 이상과 현실, 선택과 타협, 욕정과 절제, 권한 부여와 상호 의존이 서로 만나는 자리다. 엘리엇 소설에 나오는 여주인공들의 도전 과제는 제인 오스틴(Jane

Austen)의 소설처럼 단지 좋은 남자를 찾는 것이 아니라, 결혼 생활을 잘하는 방법을 찾는 것이다.

엘리엇이 사회문제에 접근하는 방식이 다소 보수적으로 보일 때도 있지만, 그녀는 가족이나 이웃과 화목하게 지내는 것과 억압적인 사회규범에 집착하는 것의 차이점을 세심하게 조절했다. 복잡하고 틀에 박히지 않은 자신의 낭만적인 경험을 바탕으로 어떻게 해야 가정에 얽매이지 않으면서도 가정에서 행복하게 지낼 수 있는지를 깊이 되새겨 보았다. 그녀의 소설에서 가장 성공적인 등장인물은 관습적인 삶과 순응하지 않는 삶 사이에서 중도를 잘 지키는 여성이었다. 《아담 비드》에서 젊은 감리교 순회 설교자인 디나 모리스는 비순응주의자로 살면 결국 가족과 멀어지고 자기가 태어난 마을과도 멀어진다는 사실을 깨닫게 된다. 디나는 애덤과의 관계를 통해 낭만적인 사랑을 한다고 해서 꼭 자신의 천직을 버릴 필요는 없다는 것을 알게 된다. 결혼을 하고 가정을 꾸리면서 디나는 '사랑의 힘'을 공동체 전체를 강화하는 쪽으로 돌릴 수 있었다.

엘리엇은 등장인물들 앞에 에고티즘(자아주의)과 자기부정 사이의 중도를 찾는 도전 과제도 던져놓는다. 소설의 여주인공인 디나 모리스부터 매기 털리버, 로몰라 드바르디, 도로시아 브루크까지, 모두가 이기적 욕망을 참아야 했다. 그러나 자기 자신을 억압하는 동안에는 행복하지 못했다.《플로스강의 물레방아》의 비극은 매기가 이 딜레마의 해결책을 찾지 못했다는 것이다. 두 가지 가능성을 모두 잃어버린 매기는 결국 플로스강 깊은 물속 말고는 갈 데가 없었다. 디나와 도로시에게 결혼이란 이기주의와 자기부정 사이를 걷는 중도였다. 마치 사회규범에 순응하는 삶과 거부하는 삶 사이의 중도를 걷는 것과 같았다. 반대로 로몰라는 미덥지 못하고 도덕적으로도 형편없는 남편에게서 떠나야 할지 말지를 결정해야 했다. 엘리엇은 쉬운 해결책을 제시하기보다 로몰라가 '복종의 신성함이 끝나는 곳에서 반란의 신성함이 시작된다'는 깊은 도덕적 문제에 직면하는 모습을 보여준다.

엘리엇의 철학에 귀를 기울이면 그녀의 명성도 높아지겠지만, 다른 철학적 문헌보다 여성의 경험에 무게를 실어줌으로써 철학 분야도 더 발전할 것이다. 또한 인간이 된다는 것은 무엇인지, 어떻게 사는 것이 잘 사는 것인지 이해하는 데에 정서적 지능이 중요하다는 사실도 알려준다. 그리고 현명한 철학자는 인생이 왜 이렇게 어렵고 복잡한지, 인간의 감정과 인간관계가 뒤엉킨 곳에서 어떤 도덕적 질문을 던져야 하는지 도와주는 사람이라는 사실을 전한다.

슈타인의 사례는 철학계에서 여성의 현실, 곧 업적을 저평가하거
나 완전히 무시하는 현실을 적나라하게 드러낸다.

많은 사람이 철학자의 대중적 이미지에 큰 문제가 없다고 여기지
만, 실제로 그 이미지는 당대의 우세한 정치권력이 반영되어 있
다. 즉 '백인' '남성' '이성애자'의 이미지다.

에디트 슈타인
Edith Stein

독일, 1891~1942

제이 헤털리(Jae Hetterley) 글

에디트 슈타인

비(非)철학자들에게는 에디트 슈타인의 철학적 업적보다 그녀의 생애가 더 익숙할 것이다. 슈타인은 유대인 집안에서 태어나 10대에 무신론자가 되었고, 성인이 되고 나서는 로마가톨릭교로 회심했다. 학교를 마친 뒤 수녀가 된 그녀는 제2차세계대전이 발발하기 직전, 네덜란드에서 안전한 곳으로 피신하기 위해 수도원에 입회했다. 1942년 네덜란드 주교들이 나치의 인종차별을 비난하는 성명을 발표한 다음, 유대인들이 가톨릭으로 개종하는 것에 대한 탄압이 이어졌고, 이때 슈타인도 아우슈비츠에서 숨을 거둔 것으로 알려졌다. 1942년 8월 9일의 일이다. 오늘날 그녀는 유럽의 공동 성자 6인 중 한 명이 되었다.

철학 분야에서 슈타인은 그다지 잘 알려진 인물이 아니다. 하지만 철학계에 몸담았던 짧은 기간 동안 그녀는 20세기 가장 활발했던 철학운동인 현상학을 연구했다. 마르틴 하이데거(Martin Heidegger), 해나 아렌트(Hannah Arendt), 장 폴 사르트르, 시몬 드 보부아르 등 유명한 철학자들이 현상학을 직접 연구하거나 간접적으로 영감을 얻었다.

슈타인은 독일에서 두 번째로 철학 박사 학위를 받은 여성이었다. 지도 교수는 현대 현상학의 창시자인 에드문트 후설(Edmund Husserl)로, 그녀는 후설의 조교로 취직한 적도 있었다. 슈타인의 철학을 이해하려면 먼저 현상학이 무엇인지 알아야 한다. 아주 간단히 말해, 현상학은 인간 경험의 일인칭 묘사를 철학적 이해의 중심에 두는 것이다. 후설은 당시 급진적 회의주의에 대해 다음과 같은 질문을 던진 것으로 유명하다.

우리의 모든 믿음이 의심을 받더라도 우리는 어떻게 우리가 아는 바(지식)의 근거를 찾을 수 있을까?

데카르트는 이런 회의주의를 극복하기 위해 의심할 수 없는 하나의 믿음을 찾아냈는데, 그것이 다른 모든 지식의 토대가 되었다. 그 믿음은 '나는 생각한다, 그러므로 나는 존재한다'였다.

하지만 후설은 다른 전략을 택했다. 내가 경험하는 온갖 대상은 의심할 수 있지만 '내가 경험한다'는 사실 자체는 의심할 수 없다는 것이다. 따라서 철학은 경험의 본질만 제대로 이해하면 회의주의를 피할 수 있다. 후설은 회의주의를 제거함으로써 회의주의를 극복하는 것이 목적이었다. 회의주의를 제거한다는 것은 철학의 탐구 대상을 '지식의 문제'에서 '경험(지향성)의 구조'로 바꾼다는 의미다.

현상학의 특징은 주어진 철학적 문제에 대한 우리의 자연스러운 태도가 지향성의 본질에 관한 우리의 성찰과 얼마나 일치하지 않는지를 보여주는 것이다.

슈타인도 초반에는 이러한 노선을 따랐다. 박사 학위 논문의 핵심 주제가 '타인의 마음' 문제였다. 만약 우리가 서로의 마음 상태에 접근할 수 없다면, 어떻게 우리는 타인이 나와 같은 마음 상태를 가지고 있다는 것을 확실히 알 수 있을까? 이 문제에 대한 전통적인 대답은 우리가 타인의 경험을 '추론'한다는 것이다. 즉 사회적 상호 작용 속에서 우리는 타인이 나에게 보이는 유사한 반응들을 지켜본다. 예컨대 화가 나면 소리를 지르고, 재밌는 것을 보면 웃고, 지루하면 집중력이 떨어진다. 이러한 유사성 때문에 나는 타인이 나와 마음이 동일하다고 추론할 수 있는 것이다.

하지만 슈타인은 그렇게 보지 않았다.

우리는 '공감'을 경험함으로써 타인의 마음을 알 수 있다.

슈타인은 이처럼 주장하며 특유의 현상학적 접근법을 취했다. 우리가 경험을 성찰하면 사회적 상호작용의 전체적인 분류 체계가 전통적인 접근 방식과는 다르다는 사실을 알 수 있다는 것이다. 추론을 한다는 것은 지식이 어느 정도 도약할 필요가 있다는 것을 의미한다. 즉 물리적 신체를 보는 것에서 그 신체 안에 마음 상태가 존재한다고 판단을 내리는 것으로 갑자기 도약한다. 하지만 우리는 어떤 사람의 마음 상태와 물리적 신체를 따로 경험하지는 않는다. 왜냐하면 그 둘은 하나로 이루어져 있기 때문이다. 우리는 신체와 마음을 경험하는 것이 아니라 '인격'을 경험한다. 슈타인이 말하는 공감적 경험은 이미 타인을 '하나의 인격으로' 전제하고 있다. 여기서 우리는 물리적 신체가 우리처럼 마음이 행복한 상태라는 사실을 추론하는 것이 아니라, 행복한 사람(인격)을 있는 그대로 인식하는 것이다.

따라서 슈타인은 후설의 영향을 강하게 받았다고는 할 수 있지만, 순전한 제자는 아니었던 것이다. 가령 후설은 궁극적으로 현상학을 선험적 관념론(경험의 대상이 어느 정도 인식에 의존한다고 보는 입장)으로 보았지만, 슈타인은 확실히 실재론(경험의 대상이 인식 주체와 독립적으로 존재한다고 보는 입장)을 주장했다. 게다가 가톨릭으로 회심한 뒤에는 후설은 결코 시도하지 않은 방식으로 종교철학과 신학을 연구하기 시작했다. 수녀가 된 다음에 쓴 《유한한 존재와 영원한 존재(Finite and Eternal Being)》(1950)는 현상학과 스콜라철학의 형이상학 및 신학을 결합시킨 결과물이었다.

슈타인이 발전시킨 것은 타인의 마음에 대한 지식은 이미 주어질 뿐만 아니라, 그것은 공감의 경험을 통해서, 그리고 타인을 하나의 인격으로 직접 인식함으로써 주어진다는 것이다. 이러한 직접적인 접근 방식이 바로 현상학적 방법론이다. 후설은 현상학을 과학처럼 하나의 합작 프로젝트로 보았다. 일단 서로 다른 영역에 있는 철학자들이 동일한 기본 구조 안에서 함께 작업한다. 실제로 슈타인이 박사 학위를 취득하고 후설의 조교가 되었을 때도 그녀는 현상학 프로젝트의 핵심에 있었다.

하지만 여성이라는 점은 철학계에서 장벽이 높았다. 후설의 조교로서 슈타인의 주 업무는 시간의 현상학에 관한 후설의 기록물을 출판 가능한 원고로 제작하는 것이었다.

이 기록물들은 1905년부터 후설이 활용한 강의록과 오래된 노트부터 최근 노트는 물론 특별히 후설이 슈타인에게 도움을 주려고 제공한 최신 논문까지 포함되었다. 슈타인은 편집자에게 기대하는 일반적인 역할 이상의 일을 해냈다. 후설은 초고를 따로 챙겨 주지도 않았고, 원고를 고쳐 쓰는 노력도 하지 않았다. 슈타인은 홀로 뒤죽박죽 섞여 있는 자료들을 모아 톤을 맞추고 순서를 재배치해 일관성 있는 철학 서술을 구성했다. 엄밀히 말하자면 '그녀'가 초고를 만든 것이다.

슈타인을 포함하여 후설의 제자들은 하나같이 스승이 일하는 태도는 너무 변덕스럽다고 고백했다. 짧은 기간 동안 특정한 철학 문제에 사로잡혀 제자들에게 피해를 줄 때가 한두 번이 아니었다. 슈타인이 초고를 완성해야 후설은 그 프로젝트에 열정을 보였을 것이다. 그러나 슈타인은 조교 계약이 끝날 즈음 장래를 결정해야 했다. 그녀는 하빌리타치온(독일의 대학교 교수 자격)을 취득하고 싶었으나, 후설이 받아주지 않았다. 결국 그녀는 일반 대학을 떠나 가톨릭학교에서 학생들을 가르칠 수밖에 없었다. 그러다가 1933년 나치가 정권을 잡게 되면서 재직했던 학교에서 강제로 쫓겨나게 되었다.

슈타인이 썼던 후설의 초고는 10년 동안 고스란히 그대로 있었다. 슈타인이 현상학파 내에서 자신의 길을 구축하고자 했지만, 후설이 그녀의 하빌리타치온 취득을 인정하지 않는 바람에 더 이상 뜻을 펼칠 수 없었다. 정확한 이유는 알기 어렵지만, 만약에 슈타인이 몇 년 더 후설과 긴밀하게 협업했다면 그녀가 작업한 초고의 수준은 많이 달라졌을 것이다.

1928년 후설은 슈타인이 작업한 원고를 《내적 시간의식의 현상학(On the Phenomenology of the Consciousness of Internal Time)》이라는 제목의 책으로 출간했다. 저작권은 후설에게 있었고, 이른바 편집자는 마르틴 하이데거였다. 이 책은 후설과 하이데거가 공동 편집자로 있는 《철학과 현상학 연구 연감(Yearbook of Philosophical and Phenomenological Research)》의 일부로 출간되었다. 하이데거가 출간을 위해 원고를 준비하는 데에 도움을 주었겠지만, 원고의 상당 부분은 슈타인이 시간과 노력을 들여 만든 것이 분명하다. 만약 슈타인이 후설의 기록물들을 원고로 바꾸는 작업을 하지 않았다면 이 책의 원고는 세상에 존재하지 않았을 것이다. 그럼에도 하이데거는 이 한마디만 끼워놓았을 뿐이다.

슈타인이 후설의 강의 속기록을 원고로 옮겨놓았다.

이 책에 대한 슈타인의 공은 얼마나 되는지 또 후설의 공은 얼마나 되는지 확인하기는 어렵다. 그러나 당연히 슈타인은 좀 더 인정받을 자격이 있다.

1991년이 되어서야 《철학과 현상학 연구 연감》의 영역본 서문에서 번역자 존 바넷 브로(John Barnett Brough)가 슈타인의 공헌에 대해 제대로 밝혔다. 후설의 성차별과 나치의 인종차별 때문에, 그리고 무엇보다 후설과 하이데거가 그녀의 공헌을 인정하지 않았기 때문에 결국 슈타인의 학문적 업적은 좌절되고 말았다.

슈타인의 사례는 철학계에서 여성의 현실, 곧 업적을 저평가하거나 완전히 무시하는 현실을 적나라하게 드러낸다. 우리는 철학자들이 일상의 우발성과 편견에 영향을 받지 않으며, 객관적으로 필연적이고 보편적인 진리를 찾는다고 생각한다. 하지만 실제의 철학은 추상적이지도 않거니와 특정 시대와 동떨어질 수도 없다. 많은 사람이 철학자의 대중적 이미지에 큰 문제가 없다고 여기지만, 실제로 그 이미지는 당대의 우세한 정치권력이 반영되어 있다. 즉 '백인' '남성' '이성애자'의 이미지다. 이것은 일부 상아탑 정치만을 뜻하지 않는다. 슈타인의 사례에서, 그리고 실제로 철학계에서 많은 여성과 소수자 그룹에게 그 이미지가 불러일으키는 물리적 영향력이 존재한다.

한편으로는 후설과 하이데거가 슈타인과의 공동 업적을 인정해야 했고, 다른 한편으로는 우리도 이러한 제도적 장벽이 계속 방치될 수 있다는 점을 생각해야 한다. 물론 어떤 사람은 지금은 상황이 다소 나아졌다고 생각하고 싶을 것이다. 그러나 우리는 철학이라는 학문 분과 내에서 소수자 그룹이 왜 그렇게 적은지 계속해서 질문을 던져야 한다.

역사는 다시 쓸 수 없고 슈타인에게 일어난 일도 되돌릴 수 없다. 하지만 우리는 포용성과 다양성을 인정하는 학문 환경을 만들 수 있다. 이러한 환경에서는 소외된 그룹의 목소리가 더 이상 소외되지 않는다. 우리는 철학자가 자기 이미지에 안주하는 태도에 도전하고, 커리큘럼에도 여성 철학자를 비롯해 그동안 소외된 철학자의 목록을 포함해야 한다. 철학은 여전히 해야 할 일이 많이 남아 있다.

아렌트는 아이히만이 자신의 행동에 대한 도덕적 성찰이 없는 공무원, 다시 말해 아무 생각 없는 정부 관료처럼 보였다고 말했다. 아렌트는 '행위'와 '행위자'를 명확하게 구분했다. 아렌트는 결코 아이히만의 행위가 평범하다고 말하지 않았다. 대신 아이히만의 악(惡)은 '사상의 빈곤'이라고 주장했다.

해나 아렌트
Hannah Arendt
미국, 1906~1975

리베카 벅스턴(Rebecca Buxton) 글

해나 아렌트

해나 아렌트의 가장 유명한 책 《전체주의의 기원(The Origins of Totalitarianism)》(1951)은 2016년 11월 미국 전역의 모든 서점에서 찾기 힘들었다. 반유대주의, 제국주의, 전체주의 문제를 다룬 이 책은 도널드 트럼프(Donald John Trump) 대통령의 당선 이후 미국 전역에서 매진됐다. 나치 독일이 행한 전체주의적 통치의 특징에 관해 글을 쓴 아렌트는 정치인들에 의해 늘 망각되는 사람들에 대해 다음과 같이 설명했다.

> 그들은 어느 나라에나 존재하는 중립적이고 정치에 무관심한 다수의 사람들이다. 정당활동은 결코 하지 않고 투표를 하러 가는 일도 거의 없다.

그녀의 글은 지금의 상황과도 너무 잘 들어맞는다.

하노버의 유대계 독일인 가정에서 태어난 아렌트는 공부를 유난히도 좋아하는 외동딸로 자랐다. 어머니가 세세하게 기록한 일기장 속의 딸은 무엇이든 닥치는 대로 읽는 '햇살 같은 아이'였다. 어린 시절 아버지가 매독에 걸려 죽음을 앞두고 있을 때도, 그녀는 아버지와 함께 앉아 저녁까지 카드놀이를 했다. 아버지가 세상을 떠난 뒤에는 어머니의 벗이 되었다. 모녀는 함께 행복하게 살았지만, 훗날 아렌트는 아버지가 부재하는 어린 시절을 회상하며 마음 아파했다. 하지만 이 젊은 시절의 외로움과 책에 대한 사랑이 철학을 향한 깊은 애정을 키웠다.

텔레비전 시사 프로그램 〈추어 페르손(Zur Person)〉(1964)에 출연한 아렌트는 귄터 가우스(Günter Gaus)와의 유명한 인터뷰에서 다음과 같이 말했다.

저는 늘 제가 철학을 공부하게 될 것을 알았습니다. … 저는 칸트를 읽었어요. 왜 칸트를 읽었냐고 물을지도 몰라요. 그런데 저에게 그 문제는 철학을 공부하거나 익사하거나 둘 중 하나를 고르는 것과 같았습니다.

아렌트는 실제로 독일 베를린대학교에서 철학을 전공했고, 신학과 그리스어를 부전공으로 선택했다. 나중에 독일 마르부르크필리프스대학교로 옮겨 유명한 대륙 철학자인 마르틴 하이데거 밑에서 철학을 배웠다. 아렌트는 하이데거와 연인으로 언급되는 경우가 많은데, 하이데거는 나중에 나치에 협력한 사상가로도 악명이 높다. 1929년 하이데거와 결별한 아렌트는 하이데거의 제자였던 귄터 슈테른(Günther Stern, 훗날 사용한 이름 '귄터 안더스'로 더 유명함)과 결혼했다.

아렌트는 대부분의 정치 분석가들보다 몇 년 앞서 나치가 집권할 것을 예상했다. 1933년 반(反)나치 조직 준비에 깊이 참여하다가 게슈타포에게 체포되었다. 8일 동안 감금되었지만 그곳에서 친해진 교도관의 도움으로 도망칠 수 있었다. 이후 시오니스트의 도움을 받아 프랑스로 망명했다. 그리고 이곳에서 수많은 유럽의 지식인 엘리트들을 만난다. 발터 벤야민(Walter Bendix Schönflies Benjamin)과 자주 어울렸고, 여기서 두 번째 남편인 시인이자 철학자 하인리히 블뤼허(Heinrich Blücher)를 만났다.

어릴 때만 해도 아렌트는 정치와 역사에 별 관심이 없었다. 훗날 언제부터 정치학과 정치 이론에 천착하게 되었는지 질문을 받으면, 그녀는 정확한 날짜를 언급했다.

> 1933년 2월 27일, 독일 제국의사당 방화 사건이 일어났을
> 때, 유대인들이 불법 체포된 날.

그 순간부터 책임감을 느꼈다고 회고한다. 파리에서 지내던 아렌트는 1937년 독일 시민권을 박탈당하고 무국적자가 되고 말았다. 1940년 프랑스 정부는 불법 체류 중인 유대계 독일인 난민을 모아 강제수용소로 보냈다. 아렌트는 귀르 수용소로 끌려갔지만 나치의 프랑스 침입으로 혼란해진 틈을 타 빠져나왔다. 그런 다음 곧장 포르투갈로 도망쳤고, 1941년에는 불법 비자를 발급받아 블뤼허와 함께 미국으로 이주하고, 몇 년 뒤에는 미국 시민권을 취득한다. 아렌트의 어머니 마르타(Martha Arendt)는 처음에는 비자를 발급받지 못했지만, 몇 달 후 딸을 따라 미국으로 건너왔다. 아렌트는 이전까지 영어권 국가에서 살아본 적이 없었지만 빠르게 언어를 익혔고 다시 한 번 글을 쓰기 시작했다.

아렌트는 20세기에 매우 영향력 있고 논란이 많은 정치 이론가가 되었다. 흥미롭게도 그녀는 '철학자'라는 타이틀은 거절했는데, 어쩌면 이 책에 포함되는 것 역시 거부했을

Hannah Arendt

지도 모른다. 그 대신 자신을 철학과 정치학 사이의 끊임없는 긴장 관계 속에 놓인 정치 이론가라고 생각했으며, '아무리 잘 훈련된 철학자라도 정치적 중립을 유지하기 어렵다'고 주장했다. 아렌트는 페미니스트를 자처하지도 않았다. 오히려 '여자가 명령을 내리는 것은 좋아 보이지 않는다'라는 말을 남겼다. 하지만 그녀의 행동을 보면 스스로 '여성의 위치'라고 생각하는 곳에만 머물러 있지 않으려 했다. 아렌트는 이렇게 말했다.

나는 늘 내가 하고 싶은 일을 했을 뿐이다. 그것이 남성의 일인지 아닌지는 전혀 신경 쓰지 않았다.

독일과 프랑스에서 살던 시기 이후에도 아렌트는 추상적 정치 개념보다는 생생한 경험에 초점을 맞추어야 한다고 지속적으로 주장했다. 1960년에 쓴 〈행동과 행복의 추구(Action and the Pursuit of Happiness)〉라는 논문에서 다음과 같이 언급했다.

나는 항상 이렇게 믿는다. 우리의 이론이 얼마나 추상적으로 들리든 얼마나 일관되게 보이든 간에, 그 이론 뒤에는 우리가 말해야 할 모든 것을 담고 있는 사건과 이야기가 있다. … 우리의 생각이 높은 곳으로 솟구치거나 깊은 곳으로 곤두박질칠 때도 길을 잃고 헤매지 않으려면 생생한 경험과 사건이 방향을 잡는 이정표가 되어야 한다.

실제로도 아렌트의 사고 저변에는 유대인의 정체성이 깔려 있었다. 그녀의 글에는 홀로코스트의 충격이 분명히 드러나 있다. 〈추어 페르손〉 인터뷰에서 아렌트는 말했다.

아우슈비츠에 관해 들었을 때가 결정적인 날이었어요. 그 전까지 우리는 누구에게나 적이 있는 건 당연하다, 사람들이 왜 적을 두어서는 안 되느냐고 말했죠. 하지만 이번 경우는 달랐어요. 마치 지옥이 열리는 것 같았습니다. 정치는 거의 모든 일이 어느 시점에 다다르면 보상이 이루어질 수 있지만, 이건 그렇지 않아요.

아렌트의 글들은 하나의 일관된 이론으로 묶기가 어렵다. 그녀는 정치의 본질과 정치적 실존을 집중적으로 연구했다.

《전체주의의 기원》에서도 다루었던 '전체주의 정부는 어떻게 권력을 얻게 되는가'라는 아렌트의 논의는 오늘날 큰 울림을 준다. 가장 기본적인 의미에서, 그녀는 사람들이 서로 분리될 때 전체주의가 등장한다고 주장한다. 하나의 정치운동이 나타나 왜 사람들은 불행한지를 설명하는 이야기를 제공한다. 이 이야기는 너무 강력해 사람들이 반박할 수 없을 정도로 압도적인 내러티브를 창조한다. 그녀는 이것을 '내부에서 비롯된 통치'라고 부른다. 전체주의는 사람들의 마음을 장악하고 나아가 사회 전체를 통제한다.

전체주의에 관한 아렌트의 두 번째 논의는 아리스토텔레스의 영향을 잘 보여준다. 아렌트에 따르면 인간은 두 가지 존재로 이루어져 있다. 하나는 생물학적 존재, 즉 신체를 가지고 있는 존재이며, 다른 하나는 정치적 존재다. 사람들의 신체를 통제하고 사회적·정치적 정체성을 없애면 전체주의 정권은 성공한다.

《우리는 왜 한나 아렌트를 읽는가(Why Read Hannah Arendt Now)》에서 리처드 번스타인(Richard Bernstein)은 아렌트의 전체주의 이론을 명료하게 요약했다.

전체주의의 궁극적 목적은 인간을 불필요한 존재로 만든다.

전체주의 국가는 인간의 자발성과 개성을 말살함으로써 이루었다. 아렌트는 이처럼 정치적 행위자인 인간을 파괴함으로써 비난 여론도 일으키지 않고 수많은 사람을 죽일 수 있었다고 주장한다. 그것이 바로 제2차세계대전 시기 유럽에서 벌어진 일이다.

아렌트는 전체주의의 등장에 대한 어떤 해결책도 제시하지는 않았지만, 정치 커뮤니케이션에는 관심을 가졌다. 특히 고대 그리스 국가로부터 영감을 얻어 시민이 정치 생활을 영위하는 방법을 고민했다. 아렌트는 소크라테스를 최고의 철학자로 추앙했다. 따라서 사람들이 각자의 견해를 자유롭게 토론하는 방식을 생각했다. 잘 훈련된 정치 공동체는 서로의 정치적 견해를 귀담아 듣고 실수하는 사람을 용서하는 문화가 형성되어 있다. 공동체에서는 열린 대화가 이루어져야 하고 견해를 자유롭게 피력할 수 있어야 한다. 이는 오늘날 우리가 확실히 배워야 할 이야기다.

최근 이른바 '난민 위기'가 발생하면서 아렌트의 사상이 다시 큰 주목을 받고 있다. 수년 동안 무국적자로 지낸 그녀는 난민문제는 국가의 기능에 관해 많은 것을 말해줄 뿐만 아니라, 인간이 어떻게 의미 있는 정치적 행동을 취할 수 있는지 알려준다고 주장했다.

그녀는 미국으로 망명하자마자 유대인 잡지에 〈우리 난민들(We Refugees)〉(1943)이라는 저항적 성격의 논문을 기고했다. 평소처럼 자신감 있는 어조로 글을 시작한다.

우선, 우리는 '난민'이라고 불리는 것을 좋아하지 않는다.

이어서 제2차세계대전 기간 유럽의 난민을 위한 낙관론이라는 것은 전혀 근거 없는 소리이고, 대신 유럽 사람들은 '가장 힘이 없는 구성원들을 배제시키고 박해했다'고 주장했다.

《전체주의의 기원》에서 아렌트는 이른바 '대규모의 난민 문제'를 다루면서 난민들, 실제로 모든 사람은 '권리를 가질 권리'를 가진다고 말했다. 하지만 그녀는 추상적인 인간의 권리에 대해 매우 의심하면서 이러한 권리는 '어떤 장소에 속해 있을 때만' 보장받을 수 있는 권리라고 생각했다. 유럽과 북미 전역에서 행해지는 난민 차별에 관한 글을 쓰면서 아렌트는 '고향을 잃는 것보다 새로운 고향을 찾지 못하는 것이 우리에게는 초유의 사건'이라고 말했다. 난민이 정치제도 자체에 접근하지 못하도록 막기 때문에 권리를 행사할 수 없고, 따라서 아렌트의 말처럼 인간으로서 대우

받지도 못한다.

오늘날도 마찬가지다. 수많은 난민이 법적 보호를 받지 못하고 여전히 '권리를 가질 권리'를 갖지 못하고 있다. 아렌트도 인생 대부분을 정처 없는 무국적자로 살았다. 대신 그녀가 '우리 난민들(We Refugees)'이라고 부른 현대사의 새로운 종류의 인간 공동체에 속했다. 이 공동체는 적군에 의해 또는 아군에 의해 포로수용소에 끌려간 사람들이었다.

1975년 아렌트는 심장마비로 세상을 떠났다. 1963년 〈뉴요커(The New Yorker)〉에 아이히만 재판에 관한 연재 글을 올려 유명해진 이후였다. 나치 친위대 중령인 오토 아돌프 아이히만(Otto Adolf Eichmann)은 제2차세계대전 시기 동안 강제수용소에서 유대인 수백만 명을 학살했다. 아이히만은 1961년 예루살렘에서 열린 유명한 전범 재판에서 유죄판결을 받고 이듬해에 처형되었다.

평소처럼 직설적이고 때로는 비꼬는 투로 재판에 관한 글을 기록한 아렌트는 이 책을 출간한 뒤로 큰 논란에 직면했다. 이 책에서 '악의 평범성'이라는 개념을 소개하며 놀라운 주장을 펼쳤기 때문이다.

아이히만은 소시오패스나 극단적인 이데올로기 추종자가

Hannah Arendt

아니라 1차 변호 때 판에 박힌 말만 하는 지극히 평범한 사람이었다.

여기서 '평범성'이란 아이히만의 행동이 평범하다는 말이 아니다. 오히려 사상이나 이념이 부족해 그런 행동이 유발되었다는 것이다. 아렌트는 아이히만이 자신의 행동에 대한 도덕적 성찰이 없는 공무원, 다시 말해 아무 생각 없는 정부 관료처럼 보였다고 말했다.

당시 사람들은 이것은 홀로코스트 기간에 수백만 명의 유대인 살해를 하찮게 여기는 평범성에 초점을 맞춘 것이라고 주장했다. 하지만 아렌트는 '행위'와 '행위자'를 명확하게 구분했다. 아렌트는 책 전반에 걸쳐서 홀로코스트라는 사실 자체는 용서할 수 없는 일이라는 점을 분명히 했다. 그녀는 결코 아이히만의 행위가 평범하다고 말하지 않았다. 대신 아이히만의 악(惡)은 '사상의 빈곤'이라고 주장했다.

하지만 대중이 그녀에게 편지로 욕설을 퍼붓고 《예루살렘의 아이히만: 악의 평범성에 대한 보고서(Eichmann in Jerusalem: A Report on the Banality of Evil)》(1963)의 출간을 반대하면서 이 이슈는 아렌트 개인의 견해에 그치고 말았다.

그러다 아렌트 말년에 이 논란이 널리 퍼졌지만, 69세의 일기로 갑자기 세상을 떠나고 말았다.

　마지막으로는 아렌트의 인종차별을 언급해야 할 것 같다. 아렌트는 자신의 글에서 아프리카를 '검은 대륙'으로, 아프리카인을 '미개인'이나 '야만인'으로 자주 묘사한다. 〈리틀록에 대한 성찰(Reflections on Little Rock)〉(1959)에서는 남아메리카 학교 내 인종차별에 맞서 투쟁하는 흑인 부모들을 백인 학교에 자녀를 입학시켜 상류층으로 올라가려는 '벼락부자'로 묘사한다. 《해나 아렌트와 흑인문제(Hannah Arendt and the Negro Question)》(2014)에서 캐서린 T. 진스(Kathryn T. Gines, 지금은 '캐서린 소피아 벨')는 아렌트가 미국 내에서 유대인 탄압과 흑인 소외를 일관성 있게 다루지 않은 점을 비판했다.

　아렌트를 다루는 대부분의 작가들은 그녀의 인종차별을 언급하지 않는다. 이들은 인물이 아닌 사상에 중점을 두어야 한다고 주장한다. 하지만 아렌트도 생생한 경험을 강조했던 인물이니만큼 그와 같은 대응은 옳은 것 같지 않다. 이 문제는 철학과 정치 이론 분야에서 더 넓게 다루어져야 하며, 여기서 언급한 것보다 좀 더 심도 있는 논의가 필요하다.

지금은 어떤 사상가도 비판을 넘어 우상화되어서는 안 된다는 사실을 염두에 두자. 우리는 아렌트의 정치 이론을 평가한 것처럼 그녀의 단점을 인정하고 평가해야 한다.

이러한 논란에도 불구하고 아렌트는 무엇보다 지배적인 견해를 맹목적으로 받아들이지 않는 저항적 지식인으로 기억되고 있다. 주류 정치 이론과 철학에 대한 비판뿐 아니라 빈정대고 비꼬는 어조 때문에 종종 미움을 샀다. 난민으로 살아온 경험이 녹아 있는 그녀의 글에서 우리는 오늘날 난민문제를 어떻게 다루어야 하는지 계속 단초를 얻어야 한다. 비록 아렌트 자신은 스스로를 철학자라고 생각하지 않았을지 모르지만, 이 책에서는 마땅히 20세기 위대한 정치사상가로 이름을 올렸다. 아렌트가 싫어하지 않았길 희망해본다.

보부아르의 회고록을 읽은 독자들은 《제2의 성》을 다시 읽으면서 자신이 처한 위치를 더 잘 이해하게 되었다. 바로 그때부터 프랑스에서 제2의 페미니즘운동이 시작되었다.

말년에도 보부아르는 쉬지 않고 소설과 회고록, 철학 저서를 집필했다. 여성에게 구체적으로 자유를 허용하는 입법개혁운동을 벌이며 글과 행동으로 투쟁했다.

시몬 드 보부아르
Simone de Beauvoir

프랑스, 1908~1986

케이트 커크패트릭(Kate Kirkpatrick) 글

서양 철학자들은 오랫동안 인간이 처한 상황을 감옥에 비유했다. 영지주의자들은 신체를 감옥으로 묘사했다. 육적인 유혹을 뿌리칠 수 있는 사람은 구원의 지식을 얻을 수 있다고 주장했다. 이들이 등장하기 전, 플라톤은 인간을 마치 동굴 속에 살면서 실재의 그림자만 보고 오해하는 존재로 보았다. 즉 무지라는 감옥에 갇힌 죄수나 마찬가지라는 의미다. 루소는 사회 그 자체가 인간을 얽매고 있다고 여기며 이렇게 말했다.

인간은 자유롭게 태어나지만 어디서나 속박을 받는다.

시몬 드 보부아르도 감옥의 비유를 사용했다. 하지만 그녀가 묘사한 대상은 '인간'이 처한 상황이 아니라 '여성'이

처한 상황이었다. 그녀의 감옥 비유는 일종의 하렘(harem)
이었다. 하렘은 여성들이 자유롭게 자기 일을 하거나 자신
을 기쁘게 하는 것이 아니라, 남성을 떠받들고 즐겁게 해주
는 복종의 공간을 가리킨다.

보부아르는 1930년대에 '인간'의 자유라는 개념을 내세운
20세기의 유명한 철학자 장 폴 사르트르에게 이 문제를 제
기했다. 두 사람은 나중에 제2차세계대전 이후 전설적인 지
성인 커플로 유명해지기도 했다. 보부아르는 사르트르에게
서면으로 도전했고, 계속 글을 써서 철학사에 길이 남을 베
스트셀러 《제2의 성(The Second Sex)》(1949)을 출간하기에 이
른다. 이 책은 1980년대에 100만 부가 판매되었다고 한다.

보부아르의 철학과 일생에 관해 이야기할 때는 사르트르
를 빼놓을 수 없다. (이 문장을 읽고 페미니스트 독자들이 어깨를
으쓱하는 소리가 들리는 듯하지만, 그래도 조금만 참아주길 바란다.)
보부아르의 이름은 20세기뿐 아니라 21세기까지 사르트르
가 철학자로서 누린 최고의 명성에 가려져왔다. 심지어 보
부아르가 사르트르의 철학을 이용해 자신의 사상을 구축했
다는 잘못된 사실까지 퍼졌다.

그러나 보부아르는 사르트르의 견해에 공개적으로 동의
하지 않았고, 자신만의 실존주의 철학을 구축했으며, 마침

내 사르트르의 마음까지 바꿔놓았다. 그렇다면 보부아르는 왜 '여성이 처한 상황'을 일컬어 감옥과 같다고 생각했을까?

보부아르는 학생 시절에 프랑스 국내 최고 기록을 세웠다. 1929년 스물한 살의 나이로 최연소 철학교수 자격시험에 통과했다. 그 전까지 이 시험에 통과한 여성은 단 일곱 명에 불과했다. 다행히 보부아르가 학생 때 (사르트르와 만나기 전부터) 쓴 일기가 보존되어 있었고, 2008년 프랑스에서 책으로 출간되었다.

보부아르는 10대에 이미 '실존주의' 철학에 사로잡혀 있었다. 지적으로나 현실적으로 인생의 문제를 깊이 있게 다루는 철학책을 탐독하면서 자유의 본성에 매료되었고, 어떻게 해야 자신이 윤리적 인간이 될 수 있는지 고민했다. 종교를 믿지 않는 아버지와 가톨릭교도인 어머니 밑에서 자라면서 기독교 윤리와 인본주의적 윤리에 모두 노출되었다. 두 전통 모두 '사랑'을 윤리적이든 낭만적이든 최고의 가치로 여겼다. 하지만 어렸을 때 이미 사랑에 대해 남자와 여자에게 기대하는 바가 각각 다르다는 사실을 깨달았다.

아버지는 딸에게 '남자의 두뇌'를 가지고 있고 '남자처럼 사고한다'고 말했다. 그러나 '여성은 독창성이나 천재성을 가질 수 없다'고 생각하는 사람이었다. 어린 보부아르는 아버지가 많은 철학자와 어울렸다고 기록했다.

쇼펜하우어는 1851년에 쓴 〈여성에 관하여〉라는 논문에서 여성에 관해 이렇게 표현했다.

제1의 성에 비해 모든 면에서 열등한 제2의 성이다. 여성은 재능을 가질 수는 있지만 '천재성'은 결코 가질 수 없다.

아버지의 말이든 철학자의 글이든, 보부아르는 여성이 너무 밝게 빛나면 안 되는 문화 속에서 성장했다. 여자가 너무 천재적이면 남성 구혼자가 달아날 수도 있기 때문이었다. 그녀는 훗날 《제2의 성》에서 독창적인 철학 방법론을 적용해 실존주의 윤리학을 발전시켰다. 소설을 써서 명망 있는 문학상도 받았고, 프랑스의 법률 개혁을 요구하는 캠페인도 지속적으로 벌였다. 하지만 성공한 만큼 대가도 따랐다. 그녀를 낮잡아보는 사람들은 '사르트르의 노트르담(Notre Dame de Sartre)'이라고 부르며 곁에 있는 남자의 천재성 덕분에 유명해진 여자라고 비꼬았다.

어떤 작품이 보부아르의 첫 번째 '철학적' 작품인지 묻는 질문 자체가 철학적 질문이다. 그녀가 처음으로 출간한 작품은 소설 《초대받은 여자(She Came to Stay)》(1943)였다. 현상학자인 모리스 메를로퐁티(Maurice Merleau-Ponty)는 이 작품이야말로 소설 형식으로 철학을 하는 새로운 방법이라며 찬사를 보냈을 것이다. 소설 속에서는 등장인물의 의식이 삶에서 어떻게 구체적으로 드러나는지 보여줄 수 있다. 하지만 소설은 다양하게 해석될 수 있고, 분명한 관점과 논리적인 이론으로 구성된 '철학'을 원하는 철학자들은 소설 형식을 철학의 방법론으로 받아들이기를 주저한다.

그러나 독자들은 그리 오래 기다릴 필요가 없었다. 좀 더 전통적인 방식의 철학 작품을 내놓았기 때문이다. 이듬해인 1944년 〈피루스와 키네아스(Pyrrhus and Cinéas)〉라는 제목의 논문을 펴냈다. 이 작품은 여전히 영어로는 잘 알려지지 않았지만(2004년에 영어로 역간되었다), 보부아르는 여기서 실존주의 윤리학을 발전시켰다. 이보다 1년 전 사르트르는 《존재와 무(Being and Nothingness)》라는 제목의 두꺼운 철학책을 출간했는데, 이 책에서는 인간관계에 관한 절망적 견해를 드러냈다. 그는 '인간관계의 핵심은 갈등이고 사랑은 실현할 수 없는 이상'이라고 주장했다. 1940년대에 나온 두 편의 철학 논문에서 보부아르는 《존재와 무》는 '실패작'이라 말했고 실존주의는 '윤리학을 함축하지' 않은 철학이라고 언급했다. 그래서 보부아르는 자신의 철학은 실존주의에서 결핍된 윤리학을 제공한다고 소개했다. 이러한 사실에도 불구하고, 실존주의 철학에 대한 그녀의 역할은 20세기 내내 크게 간과되었다.

〈피루스와 키네아스〉에서 보부아르는 고대의 철학적 질문을 던진다.

왜 아무것도 안 하기보다는 무언가를 하는 것일까?
'네 이웃을 네 몸과 같이 사랑하라'는 말은 무슨 의미일까?

보부아르는 인간에게는 어떤 존재가 되도록 결정된 플라톤의 본질이나 에피쿠로스의 운명 또는 신성한 소명 같은 것은 없다고 믿었다. 인간은 자신의 장래를 생각할 때 여러 가능한 자신의 모습 중 하나를 선택해야 하고, 그것이 되기 위해 '행동'해야 한다. 실존주의자인 보부아르는 인간이 자신의 행동에 따라 결정된다는 입장을 견지하면서, 우리의 모습을 형성하는 다양한 '기투(企投, 현재를 초월하여 미래로 자기를 내던지는 실존의 존재 방식―옮긴이)'를 추구함으로써, 시간이 지남에 따라 지속적으로 변화한다고 보았다. 하지만 우리가 어떤 사람이 될지 자유롭게 선택할 수 있는 정도에 관해서는 사르트르의 입장에 동의하지 않았다.

사르트르는 《존재와 무》에서 인간은 철저히 자유롭다고 주장했다. 그래서 우리가 이전에 어떤 기투를 추구하기로 결정했든 상관없이, 작가나 철학자가 되고 싶을 수도 있고 특정 인물을 사랑하고 싶을 수도 있으며, 언제라도 자유롭게 그 기투를 포기하고 다른 기투를 추구할 수 있다고 한다. 하지만 보부아르는 우리의 과거가 그렇게 쉽게 포기될 수 있다고 생각하지 않았다. 그리고 사회의 모든 구성원이 자기 자신을 규정지었던 외적 기대를 그렇게 쉽게 포기할 수 없다고 생각했다.

1940년대 중반, 보부아르와 사르트르는 전후(戰後) 파리를 상징하는 유명 커플이 되었다. 보부아르는 미국과 프랑스에서 여성 작가의 상황이나 새로운 철학인 '실존주의'에 관해 강의를 했다. 이때 그녀는 자신이 가진 특권을 완전히 알지 못했다. 오히려 사람들이 칸트나 헤겔도 전혀 모를 것 같은 사람들이 실존주의를 한 문장으로 요약해달라며 의례적인 요구를 하는 탓에 짜증이 났다. 실존주의 철학은 나날이 인기를 얻었지만, 보부아르는 사람들에게 실존주의를 제대로 이해하려면 전체적인 철학사를 먼저 알아야 한다고 주장했다. 그녀는 실존주의 윤리학을 지속적으로 발전시켜 《애매성의 윤리학(The Ethics of Ambiguity)》(1947)에서 다른 사람들의 자유를 소중하게 여기지 않은 채 자기 자신의 자유만 소중하게 여기는 것은 모순이라고 주장했다.

바로 이 시기에 보부아르는《제2의 성》을 집필하고 있었다. 미국을 여행하면서 남녀의 관계가 프랑스와는 많이 다르다는 것을 느꼈다. 그리고 혼혈 친구인 리처드(Richard Nathaniel Wright), 엘런 라이트(Ellen Wright)와 함께 인종이 미국을 분열시키는 현장을 직접 목격했다. 그녀는 스웨덴 사회학자 군나르 뮈르달(Karl Gunnar Myrdal)이 쓴《미국의 딜레마(An American Dilemma)》라는 책을 읽었는데, 이 책에서 뮈르달은 미국의 인종 갈등은 악순환에 빠져 있다고 주장했다. 그는 이러한 역학을 '축적의 원리'라고 불렀다. 흑인은 종속적인 위치에 머물러 있어 열등해 보였고, 백인과 동일한 성공을 거두지 못했다. 그래서 백인은 흑인이 원래 열등하고 성공을 거두지 못한다고 판단했다.

보부아르는 여성을 주제로 하여《미국의 딜레마》만큼 중요한 책을 쓰고 싶었다. 마침내 두 권짜리 방대한 책이 탄생했다.《제2의 성》1권은 남성이 만든 '여성의 신화'를 연구했다. 그녀는 여성이 남성의 '타자'로 정의되는 현상을 밝히기 위해 생물학, 역사학, 정신분석학, 경제학, 종교학, 문학을 두루 살폈다. 그리고 2권은 독창적인 현상학적 방법론을 활용했다. 많은 여성의 목소리를 통해 일인칭 시점에서 소녀 시절, 청소년기, 사춘기, 처녀성, 임신, 모성, 결혼, 노년 등을 보여주는 것이다. 이 모든 것은 남성이 만든 '여성의 신화' 때문에 여성이 고통을 받는다는 증거가 되었다.

보부아르는 '여성이 처한 상황'에서 여성이 된다는 것은 '분열된 주체'가 되는 것이라고 생각했다. 자기 자신의 자유를 인정하는 것과 외부에서 강요하는 이상에 부응하며 사는 것 사이에서 분열이 일어난다. '지금의 문화와 교육 여건'에서 여성이 되는 것은 본래 남성에 비해 부차적이고 열등한 존재가 되는 것이고, 남성에게 순종적인 존재가 되는 것이다. 그러나 여기서의 문제는 '여성은 본래 열등한 존재가 아니다'라고 짚었다. 18세기 이래 프랑스 철학자 디드로(Denis Diderot)를 비롯한 많은 사람이 여성에게 사회적으로 열등한 지위에 대한 책임을 맡겼다. 하지만 보부아르는 이러한 상황이 계속되어야 하는 것인지 질문을 던졌다. 동시에 '그렇지 않다'고 생각했다.

남성과 여성이 모두 개선되려면 먼저 이러한 상황이 계속되도록 만든 책임은 남녀 모두에게 있음을 인정하고 바로잡아야 한다. 그리고 남녀 모두 여성을 객체가 아닌 주체로 보는 법을 배워야 한다. 보부아르는 너무나 오랫동안 여성이 공적으로나 사적으로 남성의 꿈을 통해 자신의 꿈을 이루려 했다고 지적했다. 그녀는 후설, 사르트르, 메를로퐁 티와 같은 이전의 철학자들은 여성의 신체가 겪는 특정한 경험, 즉 여성이 객체화되고 자신의 의지와 상관없이 남성의 욕망을 위한 '먹잇감'이 되는 것은 전혀 고려하지 못했다고 주장했다. 여성이 된다는 것은 말하는 주체가 아닌 보이는 객체가 되는 것이다.

보부아르는 사랑이라는 개념으로 다시 돌아와, 사랑은 남성과 여성에게 각각 다른 것을 의미한다고 주장했다. 남성에게 사랑은 인생의 일부일 뿐이다. 하지만 여성에게 사랑은 역사와 철학, 문학에서 그려지듯이 인생 그 자체다. 여성은 사랑하는 사람을 위해 일방적으로 희생하도록 요구되었다. 보부아르는 '나의 자유를 소중히 여기려면 타인의 자유도 소중히 여겨야 한다'는 초기의 윤리학적 주장을 발전시키고,《제2의 성》에서 이렇게 말했다.

진정한 사랑이란 사랑하는 사람과 사랑받는 사람이 모두 서로의 자유를 존중하는 것이다.

《제2의 성》이 출간되었을 때, 보부아르에게 쏟아진 독설과 인신공격은 매우 심각했다. 그녀가 여성의 억압에 관한 철학적 논의를 펼치자 많은 유명 남성 작가들이 이 책의 분석을 거부했다. 이 남성들은 제한된 시선으로 세상을 바라보는 사람들이었다. 이러한 점에서는 보부아르는 버지니아 울프가 《자기만의 방(A Room of One's Own)》에서 지적한 것의 훌륭한 예시였다.

똑같이 비판해도 여성에게는 그 결과가 동일하지 않다.

또한 울프는 1929년에 이렇게 기록했다.

여성은 '이 책은 나쁘다' '이 그림은 힘이 없다' 등 무슨 말을 하든, 똑같은 비판을 하는 남성보다 훨씬 더 많은 고통과 분노를 일으킨다.

그러나 보부아르의 작품은 분노보다 더 큰 것을 일으켰다. 바로 변화를 일으킨 것이다. 그녀는 '백만 명의 가슴에 불을 일으키는' 글을 쓰는 작가가 되기를 꿈꿨다. 학생 시절 철학을 열정적으로 좋아했던 보부아르는 두 가지 유형의 형이상학자가 있다고 생각했다. 하나는 추상적인 철학 체계가 가치 있다고 생각하는 사람이고, 또 하나는 인간의 주관적 경험이 가치 있다고 생각하는 사람이다. 보부아르는 후자에 해당했다. 그녀는 대부분 문학 작품을 집필했는데, 그 이유는 (비록 허구지만) 구체적 상황 속에 있는 인간을 보여줌으로써 독자들이 '가상 경험'을 통해 세상에서 자신이 처한 위치를 다시 바라볼 수 있도록 돕기 위해서였다.

1940년대와 1950년대 초, 보부아르는 여러 편의 소설을 더 썼다. 그중에는 프랑스 최고 문학상인 공쿠르상를 받은 《레 망다랭(Les Mandarins)》도 있었다. 하지만 1950년대 중반에 이르자, 자신 역시 다른 지식인들처럼 문화적 특권을 유지하려는 죄를 짓고 있다고 확신하게 되었다. 실존주의는 살아있는 철학이어야 한다고 믿었다. 물론 실존주의를 제대로 이해하기 위한 엘리트 철학 교육을 받지 못한 독자들을 대상으로 '실존주의적' 소설을 써왔지만, 800쪽 분량의 철학책을 읽을 수 있는 사람들만 접근하기에는 《제2의 성》의 메시지가 너무 중요하다고 생각했다.

그래서 다른 장르의 글을 시도했다. 1958년 《순종적인 딸의 회고록(Memoirs of a Dutiful Daughter)》을 출간했는데, 이 책에서는 《제2의 성》에 나오는 이론을 철학이나 심리학 용어를 사용하지 않고 자기 자신의 삶에 적용했다. 책은 큰 성공을 거두었다. 프랑스의 수많은 일반인 여성들이 보부아르가 '동상 받침대에서 내려왔다'고 말했다. 심지어 어떤 여성은《제2의 성》은 파리의 지식인들만 위해 쓴 책이라며 꾸짖기까지 했다. 그 후 몇 년 동안 보부아르는 이야기 형식으로 자신의 삶을 써 내려갔다. 그녀의 회고록을 읽은 독자들은《제2의 성》을 다시 읽으면서 자신이 처한 위치를 더 잘 이해할 수 있었다. 바로 그때부터 프랑스에서 제2의 페미니즘운동이 시작되었다.

　말년에도 보부아르는 쉬지 않고 소설과 회고록, 철학 저서를 집필했다. 자신의 펜이 억압에 저항하는 강력한 무기라는 사실을 알고 있었다. 하지만 소설 속에서 자유로운 여성에 관한 '가상 경험'을 제공하는 것만으로 만족스럽지 않았다. 그래서 여성에게 구체적으로 자유를 허용하는 입법 개혁운동을 벌였다. 페미니즘운동에 영감을 제공했고, 피임 권리 주장, 이혼법 개정, 여성의 성적 이미지화 금지 등 전반적인 변화를 추구했다. 보부아르는 여성들이 누군가에게 속박된 객체가 아니라 자신의 욕망과 기쁨을 자유롭게 누리는 주체로 살아갈 수 있도록 글과 행동으로 투쟁했다.

오늘날 도덕 심리학, 덕 이론, 특수주의, 감정, 도덕적 인식을 연구하는 사람 중 대다수가 머독이 미친 영향력을 전혀 모른다. 그러나 머독의 사상은 현대 도덕철학에 심도 깊은 도전을 불러왔다. 그리고 다른 철학자들이 도덕철학의 접근법, 즉 사람이 살아오면서 만들어진 내면세계와 성격 패턴에 '주목'하는 방식을 발전시키는 데에 기초를 제공했다.

아이리스 머독
Iris Murdoch
아일랜드, 1919~1999

페이 니커(Fay Niker) 글

아이리스 머독

많은 사람이 아이리스 머독을 소설가로 알고 있다. 1954년 《그물을 헤치고(Under the Net)》를 시작으로 총 26편의 소설을 출간했다. 《그물을 헤치고》는 모던 라이브러리에서 선정한 20세기 100대 영미 소설에 오르기도 했다. 마지막 작품은 1995년에 출간한 《잭슨의 딜레마(Jackson's Dilemma)》인데, 이 소설을 출간하기 전 알츠하이머병을 진단받았다.

아이리스 머독은 많은 작품을 남겼을 뿐 아니라 문체도 독특했으며, 특히 선악, 성적 관계, 도덕성, 무의식의 힘 등 철학적 문제와 씨름했다. 그 덕분에 전후 영국에서 존경받는 소설가가 되었고, 대영제국 훈장(MBE, Member of the Most Excellent Order of the British Empire)까지 받는 영예를 얻었다.

아이리스는 대학교에서 교육받은 도덕철학자이기도 하다. 옥스퍼드대학교에서 철학을 전공했고 같은 대학에서

1948년부터 1963년까지 철학을 가르쳤다. 이후에도 영향력 있는 작품을 계속 출간했는데, 1970년의 《선의 군림(The Sovereignty of Good)》이 가장 유명하다.

오랜 세월 머독은 철학보다 문학 분야에서 더 성과를 이루었다고 평가를 받아왔다. 하지만 지금은 사람들의 생각이 변하고 있다. 최근의 학계는 머독의 독특한 사상이 영미철학에 미친 상당한 영향력을 다시금 밝혀내고 있다. 오늘날 학자들이 그녀의 선견지명 있는 글이 도덕적 존재인 인간의 삶의 복잡성을 포착하는 데에 풍부한 자원을 제공한다는 사실을 깨닫고 있다. 따라서 부커상 수상 작가라는 명예보다, 철학자로서 미친 영향력을 더욱 활발하게 연구할 필요가 있다. 머독이 남긴 철학적 유산은 과거부터 지금까지 계속해서 재발견되고 있다.

머독은 1919년 아일랜드 더블린에서 진 아이리스 머독이라는 이름으로 태어났다. 영국계 아일랜드인 부부의 무남독녀였으며, 아주 어릴 때 아버지가 보건부 공무원 일을 시작하면서 런던으로 이주했다. 이후에도 아일랜드를 자주 방문했다. 그녀는 아홉 번째 소설로 《적과 녹(The Red and the Green)》(1965)을 출간했다. 이 소설은 1916년 일명 '부활절 봉기(Easter Rising)가 일어나기 전 일주일 동안 종교와 정치

Iris Murdoch

적 입장이 서로 다른 영국계 아일랜드인 가족 사이의 갈등
을 다룬다. 이 소설 서문에서 데클런 키버드(Declan Kiberd)
는 다음과 같이 썼다.

머독은 다른 수많은 영국계 아일랜드인처럼 자신을 영국
에 있는 아일랜드인이라고 말하는 것이 이상한 분위기를
감지했다. 오히려 자신을 아일랜드에 있는 영국인이라고
느꼈다.

하지만 그녀는 아일랜드인의 정체성이 더 깊어졌다.
1990년 잡지 〈파리 리뷰(The Paris Review)〉 인터뷰에서 이렇
게 말했다.

나는 뼛속까지 아일랜드인이다.

머독은 브리스톨의 기숙학교인 배드민턴학교를 우수한
성적으로 졸업하고, 1938년에는 옥스퍼드대학교 서머빌칼
리지에 입학해 고전인문학 과정(Mods and Greats, 고대 그리
스 로마의 문학, 역사, 철학을 전공하는 학부 과정—옮긴이)을 이수
했다. 이 학교에서 머독은 필리파 풋, 메리 미즐리, 엘리자

베스 앤스컴과 친구가 되었다. 당시 유럽에서는 제2차세계
대전이 한창이었기에, 이 뛰어난 여성 철학자 세대가 등장
한 것은 전쟁으로 인해 남학생이 상대적으로 적어서 가능
한 일이기도 했다. 2013년 미즐리는 영국 일간지 〈가디언
(Guardian)〉에 보낸 편지에서 다음과 같이 적었다.

전쟁 세대 중 살아남은 자로서 나는 이 말만 할 수 있다. 유
감스럽게도 그 이유는 당시에 남자가 더 적었다는 것이다.

최근에는 그 네 명의 철학자를 유일무이하지만 예전에는
인정받지 못했던 '모두 여성으로 이루어진 철학 학파'의 사
례로 봐야 한다는 주장이 제기되고 있다. 영국 더럼대학교
의 '인 퍼렌더시스' 프로젝트를 진행하는 클레어 매쿨(Claire
McCool)과 레이철 와이스먼(Rachel Weissman)은 '전쟁 후에
도 이 여성들이 필리파 풋의 집에서 정기 모임을 가졌다'
는 사실을 주장의 근거로 들었다. 이 모임에서는 '현대 서
양 철학의 인간 본성, 인식, 행위 그리고 윤리의 지배적 개
념에 대한 상세하고도 종합적인 철학적 대안'을 세우는 야
심찬 프로젝트를 논의했다. 이들이 출간한 유명한 책들만
봐도 서로의 관계를 엿볼 수 있다. 미즐리는 머독의 책《선

의 군림》서문을 써주었다. 필리파 풋은《도덕철학의 덕목과 악덕 및 기타 에세이(Virtues and Vices and Other Essays in Moral Philosophy)》(1978)를 한때 애인이었던 머독에게 헌정했고, 머독은 앤스컴에게《도덕의 안내자로서의 형이상학(Metaphysics as a Guide to Morals)》(1992)을 헌정했다.

대학 졸업 후부터 다시 대학에 철학 강사로 돌아가기 전까지의 5년은 머독에게 중요한 시기였다. 1942년부터 1944년 사이에는 런던 재무부에서 일했고, 1944년부터 1946년 사이에는 연합국구제부흥기관(UNRRA, United Nations Relief and Rehabilitation Administration)에서 행정관으로 일했다. 처음에는 벨기에에서 근무했는데 이때 1945년에 장 폴 사르트르를 잠깐 만났고, 이후 오스트리아에서 근무했다. 머독의 친구이자 전기 작가인 피터 J. 콘라디(Peter J. Conradi)에 따르면, 아이리스 머독은 전쟁으로 유럽 사회가 붕괴되고 1944년 첫사랑인 프랭크 톰슨(Frank Thomson)이 나치에게 처형되자 그때부터 도덕철학에 천착하기 시작했다고 한다.

1947년에는 케임브리지대학교 뉴넘칼리지에서, 1948년부터는 옥스퍼드대학교 세인트앤스칼리지에서 특별 연구원 및 강사로 활동했다. 머독은 '우리의 인생을 빛으로 인도하려는 목적을 가진 선(善)'을 분명히 밝히는 것에 관심의 초점을 맞췄다. 이에 관한 그녀의 독특한 관점은 전쟁 세대가 추구하고 성공적으로 정립한 광범위하고 대안적인 접근법의 중요한 측면을 보여준다. 아이리스 머독은 당시 우세하던 도덕성에 접근하는 두 가지 방식을 모두 거부했다.

- 영미의 분석철학
- 대륙의 실존주의 철학

영미의 분석철학은 옥스브리지(옥스퍼드대학교와 케임브리지대학교를 함께 부르는 말—옮긴이)의 접근 방식이었다. R. M. 헤어(Richard Mervyn Hare)와 스튜어트 햄프셔(Stuart Newton Hampshire) 같은 철학자들에게도 전쟁을 경험한 흔적이 깊이 남아 있었다. 헤어는 3년간 일본군의 전쟁 포로가 되었고, 햄프셔는 전쟁이 끝나갈 무렵 나치 장교들을 심문하면서 이 세상에는 악이 존재한다고 확신하게 되었다. 이들은 결국 '육체적 힘에 의한 선택이 모든 것(muscular choice-is-all)이라고 믿는 도덕철학 학파'를 결성했다. 이 학파는 윤리적 선택의 순간이 도덕적 삶의 핵심이고, 의지야말로 적절한 행위를 선택하는 중심 원리라고 주장했다.

대륙의 실존주의 철학은 장 폴 사르트르와 시몬 드 보부아르를 중심으로 확립되었다. 머독의 첫 번째 저서는 인상 깊게도 《사르트르: 낭만주의적 이성주의자(Sartre: Romantic Rationalist)》(1953)로, 사르트르에 관해 영어로 쓴 철학책이 었다. 실존주의 철학도 의지와 선택의 문제에 초점을 맞추며, '도덕적 가치는 고정되어 있는 것이 아니라 선택 의지를 통해 만들어질 수 있다'고 주장했다. 1950년대와 1960년대에 우세했던 이 '현대' 도덕철학 학파는 서로 다른 점이 있지만 인간 본성에 관해서는 관점이 같았다. 머독은 이러한 근본적인 도덕-심리학적인 그림을 오류로 여겼고 철학적으로 왜곡된 것이라고 생각했다.

머독은 이에 맞서 도덕적 행동을 위한 '내면생활'의 중요성을 포착하고자 했다. 논문 〈도덕성의 시각과 선택(Vision and Choice in Morality)〉(1956)에서 이 작업을 시작했고, 《선의 군림》에 수록된 세 편의 논문 중 첫 번째 〈완벽의 사상(The Idea of Perfection)〉에서 좀 더 발전된 형태를 갖추었다.

도덕성은 선택의 문제인 만큼이나 '시각(vision)'의 문제이기도 하다.

머독의 이 말은 무엇을 의미할까? 간단히 말해서 '선택이 모든 것(choice-is-all)'이라는 그림에 부재하는 대리인의 외부에 도덕적 현실이 있다는 것이다. 이러한 인식은 도덕적 대리인으로서 우리의 주된 과제의 초점을 우리를 둘러싼 이 가치 세계의 도덕적 특징들을 '보는 것' 또는 '인지하는 것'으로 전환한다. 즉 다른 사람들을 올바르게 보지 못하도록 방해하는 우리 내면의 시각에 영향을 미치는 힘을 더 잘 파악한다면 옳은 선택을 하는 것은 가능하다고 생각했던 것이다.

그녀는 여기서 중요한 우화 하나를 이야기한다. 어머니는 며느리가 천박하고 유치하고 아들과 잘 어울리지도 않아 모종의 적대감을 느낀다. 그럼에도 어머니는 며느리에게 싫은 내색을 하지 않기 때문에 어머니의 실제 생각은 외적으로 드러나는 행동으로는 분별할 수 없다. 어머니는 자신의 잠재적인 도덕적 결함(예컨대 질투, 편견, 통제하려는 경향 등)을 잘 인식하고 있었지만, 스스로 며느리를 바라보는 방식을 바꾼 것이다. 어머니의 행동에는 아무런 변화가 없으나, 우리는 어머니의 내적 시각을 도덕적으로 중요한 (비록 보이지는 않지만) 행위로 볼 수 있다고 말하고 싶을 것이다. 하지만 머독이 우리가 '말하기에는 너무 충동적'이라고 생각한 이 일은 '선택이 모든 것'이라는 도덕성의 접근법 내에서는 불가능한 일이다.

Iris Murdoch

머독이 제시한 대안은 20세기 프랑스의 철학자이자 정치활동가이자 신비주의자인 시몬 베유(Simon Weil)의 책에서 크게 영향을 받았다. 머독은 〈도덕성의 시각과 선택〉을 쓴 같은 해에, 영국 주간지 〈스펙테이터(The Spectator)〉에 〈시몬 베유의 노트〉(아서 윌즈 번역, 1956)라는 제목으로 글을 올렸다. 이때가 아이리스 머독이 도덕철학자로서 부상할 수 있는 기회였지만, 한편으로는 주류 철학에서 멀어지는 계기가 되었다. 〈도덕성의 시각과 선택〉은 철학계에서 쓴 마지막 논문이었다. 저스틴 브로크스(Justin Broackes)는 '머독이 기성 철학계에 몸담지 않았기 때문에 오히려 시몬 베유의 사상으로부터 새로운 철학을 발전시킬 수 있었다'고 주장한다. 머독은 시몬 베유의 기독교적 플라톤 사상에서 플라톤 철학을 재해석할 자원을 발견했다. 이는 훗날《선의 군림》에서 그녀가 내세우는 (비종교적인) 주장의 기초로, 주장의 핵심 요소는 다음과 같다.

1. 선(善)은 초월적 실체다. 따라서 선한 사람은 사물의 본질을 보는 사람이다.
2. 선에 주목하면 우리 안의 사랑이 촉발된다.
3. 우리 주변의 실체에 주목하면 자연스럽게 올바로 행동

하기 때문에, 이런 점에서 우리는 더 이상 무언가를 선택할 필요가 없어진다.

따라서 '주목(attention)'이 가장 중요한 도덕적 개념이 된다. 머독은 '별 실체를 향한 정의롭고 사랑스러운 시선'이라는 개념을 포착했고, 이것을 '극적인 도덕적 행위자의 특징이자 표시'로 여겼다. 따라서 이는 우리가 도덕적 자유를 이해하는 방법을 바꾸는 데에 중요한 영향을 미친다. 머독은 《선의 군림》에서 다음과 같이 적었다.

만약 우리가 '주목'이라는 행위를 무시하고 선택의 순간이라는 공허함만 인지한다면, 자유를 다른 것과 동일시할 수 없기 때문에 외부의 어떤 활동과 동일시할지도 모른다. 하지만 우리가 주목이라는 행위가 무엇인지, 그것이 얼마나 지속되는지, 그리고 그것이 얼마나 눈에 띄지 않게 우리 주변에서 가치 구조를 형성하는지 고려한다면, 우리는 중요한 선택의 순간에 이미 선택하는 일의 대부분은 끝났다는 사실에 놀라지 않을 것이다.

머독의 사상은 현대 도덕철학에 심도 깊은 도전을 불러

왔다. 그리고 다른 철학자들(필리파 풋, 엘리자베스 앤스컴, 존 맥다월, 버나드 윌리엄스(Bernard Williams))이 도덕철학의 접근법, 즉 사람이 살아오면서 만들어진 내면세계와 성격 패턴에 '주목'하는 방식을 발전시키는 데에 기초를 제공했다.

흥미로운 점은 오늘날 도덕심리학, 덕 이론, 특수주의, 감정, 도덕적 인식을 연구하는 사람 중 대다수가 해당 분야에서 머독이 미친 영향력을 전혀 모른다는 사실이다. 저스틴 브로크스에 따르면, 이 영향력은 맥다월까지 거슬러 올라갈 수 있다. 맥다월은 머독의 복잡한 사상과 관련해 새로운 체제와 근거를 제공했다. 그리고 철학 시장에서 벌어지는 지속적이고 가시적인 논쟁에서 그들이 가진 힘을 보여주었다. 머독의 선견지명 있는 철학적 상상력과 비전을 고려하면, 그녀의 글에는 우리가 무엇을 어떻게 '보는지'에 미치는 사회적 · 정치적 결정 요인에는 관심 없었다는 사실이 다소 이상하고 유감스럽다. 개인의 미덕과 사회의 복잡한 관계를 연구하는 분야가 점차 넓어지고 있다. 특히 인종차별적 행동이나 성차별적 행동에서 작동하는 암묵적 편견과 연관된 심리학적 연구 성과들이 나타나고 있다. 하지만 이런 경우는 머독에게 문제를 제기할 수밖에 없다. 왜냐하면 개인적 수준에서 이 문제에 주목하는 것은 효과적이지 않을뿐더러

때로는 해로울 수도 있기 때문이다. 따라서 우리는 내면의 도덕에 영향을 미치는 사회적·정치적 변화에 관해서도 고려해야 한다.

소설가이자 철학자인 머독으로 다시 돌아와서, 이처럼 다소 이례적인 포지션은 그녀의 철학적 비전에서 자연스럽게 비롯되었다는 사실을 알 수 있다. 머독은 도덕철학과 소설의 관계를 여러 인터뷰에서 이야기했는데, 특히 1965년 프랭크 커모드(John Frank Kermode)와의 인터뷰(BBC 현대 소설가 시리즈의 일부), 1977년 브라이언 매기(Bryan Magee)와의 인터뷰(BBC 현대 철학자 시리즈의 일부, 아이러니하게도 시리즈 제목이 〈Men of Ideas〉였다)가 있다. 두 인터뷰 모두 쉽게 찾아서 볼 수 있고 충분히 시청할 만하다. 커모드와의 인터뷰에서 머독은 이렇게 말했다.

> 철학은 소설과는 아주 다른 일이에요. 철학을 쓰는 것은 다른 결과를 목표로 삼기 때문에 완전히 다른 작업입니다. … 하지만 주제는 같아요. 바로 인간의 본성이죠.

따라서 그녀가 소설에서 기록하고자 했던 경험의 층층은 마사 누스바움이 말했듯이 '철학의 일일 뿐 아니라 삶의

Iris Murdoch

일'이었다. 예술에서도 도덕에서도 인간은 결국 '현실'을 발견하고자 한다.

머독은 1956년부터 1999년 2월에 79세로 세상을 떠날 때까지 옥스퍼드대학교 영문학교수인 존 베일리(John Baillie)와 행복한 (물론 늘 충실하지는 않았지만) 결혼 생활을 했다. 베일리는 《아이리스를 위한 애가(Elegy for Iris)》(1999)를 썼다. 이 책에는 부부의 관계와 머독이 알츠하이머 병마와 싸운 이야기를 담았다. 현실을 발견하는 데에 그렇게 많은 시간을 투자한 사람이 결국 그렇게 스러져가고, 언어와 사고에 그렇게 탁월했던 사람이 그 기능을 상실한 것은 너무도 큰 비극이었다. 베일리의 회고록은 영화 〈아이리스(Iris)〉(리처드 이어 감독, 2001)의 기초 자료가 되어주었다. 이 영화에서는 케이트 윈슬릿(Kate Elizabeth Winslet)과 주디 덴치(Judi Dench)가 머독을 연기했다.

아이리스 머독이 도덕철학에 미친 큰 영향력은 늘 충분히 인정받았던 건 아니지만, 감사하게도 지금은 변화하고 있다. 비록 그녀는 철학계에서는 물러났지만, 오늘날 철학자 중에는 머독의 작품을 다시 찾고 영감을 얻는 사람들이 많아지고 있다. 앞으로 나 역시 아이리스 머독이 도덕철학과 정치철학에 어떤 영향을 미쳤는지 계속 찾아보고자 한다.

미즐리는 '철학'과 '배관'을 비교한다. 평소에는 표면 아래에서 조용히 작동하다가, 문제가 생길 때에만 표면 위로 드러나는 것이다.

우리의 생각이 '배관이 막히듯이' 침체되면, 철학자는 마치 배관공처럼 '바닥을 뜯어내고' 잘못된 생각을 검사하고 문제를 고치려고 노력해야 한다.

메리 미즐리
Mary Midgley

영국, 1919~2018

엘리 롭슨(Ellie Robson) 글

메리 미즐리

메리 미즐리는 무궁무진한 상상력을 가지고 20세기 분석철학 패러다임에 지속적으로 문제를 제기하며 왕성히 활동한 도덕철학자였다. 명쾌하게 글을 쓰고 현실 세계의 문제에도 활발하게 관여했지만, 그럼에도 미즐리의 폭넓은 철학 사상은 그다지 널리 인정받지 못했다. 그녀의 일부 활동, 예컨대 동물 윤리나 리처드 도킨스(Clinton Richard Dawkins)와의 논쟁 등은 유명하지만, 이 주제들을 넘어선 더 넓은 철학 세계는 제대로 소개되지 못했다.

추상적인 문제에 집중하거나 특정 철학 교리를 옹호하는 다른 분석적 도덕철학자들과 달리, 미즐리는 사물에 대한 우리의 시야를 넓히는 데에 관심이 많았다. 그녀의 책에는 인간의 도덕적 삶, 특히 인간 존재와 우리의 본성, 세계 속 인간의 위치에 관한 생각들이 가득하다.

미즐리의 책들을 읽다 보면 주제나 메시지가 비슷하다는 것을 알 수 있다. 미즐리의 철학은 전체론적이면서도 체계적이다. 현대 과학, 진화론, 환경 윤리, 페미니즘을 논의하며 당면한 과제에 지속적이고도 현실적인 관심을 보였다. 우리가 현대 세계에서 마주하는 일상의 걱정들에 대해 긍정적인 문제 해결 방법을 제시했다.

미즐리는 자신의 철학적 방향에 항상 확신했던 것은 아니다. 학문적 이력은 다소 특이했다. 다른 동료들은 꾸준히 책을 출간하거나 논문을 썼지만, 그녀는 교사, 학자, 어머니가 되는 것에 초점을 맞추었고 만년에 이르러 철학 연구에 집중했다. 이런 독특한 커리어 때문에 미즐리의 철학이 하나의 철학 저서로 정리되는 데에 시간이 오래 걸렸을지도 모른다. 미즐리는 50대가 되어 아주 기쁜 마음으로 책을 출간하며 이렇게 말했다.

그전까지는 내가 무슨 생각을 했었는지 알지 못했다!

메리 미즐리는 회고록《미네르바의 부엉이(The Owl of Minerva)》(2005)에서 사려 깊고 낙관적이었던 어린 시절을 그린다. 1919년 런던에서 레슬리 스크러턴(Lesley Scrutton)

Mary Midgley

과 톰 스크러턴(Tom Scrutton) 부부의 딸로 태어났다. 메리 미즐리의 부모는 정치에 아주 관심이 많았으며, 아버지는 훗날 케임브리지 킹스칼리지의 교목이 되었다.

1924년 스크러턴 부부는 미들섹스주 그린퍼드로 이사했고, 메리는 이곳에서 전형적인 중산층 교육을 받으며 자랐다. 자연을 사랑한 어린 메리는 야외에서 남동생인 휴(Hugh Scrutton)와 시간 가는 줄도 모르고 놀았다. 열두 살이 되었을 때 뉴베리 근처의 여자 기숙학교인 다운하우스에 입학했다. 시, 라틴어, 연극에 푹 빠져 지내던 그녀는 열여섯 살에 플라톤을 읽으며 '대단한 철학'이라고 생각했다고 한다.

1938년에는 옥스퍼드대학교 서머빌칼리지에서 '고전인문학 과정(Mods and Greats)'을 시작했다. 옥스퍼드에 들어갔을 당시 여성 철학도는 손에 꼽을 정도였고, 철학은 똑똑하고 젊은 남학생들의 전유물이었다. 이 남성들에게 철학은 지적 허영심을 드러내는 논쟁 시합에 불과했다. 따라서 철학을 공부하는 이유도 지성의 발전이 아니라 약해 보이지 않는 데 있었다. 특히 이때로부터 딱 2년 전에 출간되었던 A. J. 에이어(Alfred Jules Ayer)의 《언어, 진리, 논리(Language, Truth and Logic)》라는 책의 영향력이 매우 컸다. 에이어는 이 책에서 사실과 가치의 엄밀한 구분에 찬성한다. 하지만 어떠한 사실에 기반을 둔 것이 아니라, 자율적인 영역에서 윤리적 질문을 남겼으며 도덕철학자의 일을 언어분석에 지나지 않도록 만들었다.

미즐리는 옥스퍼드대학교에서 제공하는 이 '도덕철학'에 만족하지 못했다. 그러나 다행히도 혼자가 아니었다. 옥스퍼드대학교에서 엘리자베스 앤스컴, 필리파 풋, 아이리스 머독이라는 마음에 맞는 철학자들을 만나 친구가 되었다. 그들 모두 혼자 힘으로 위대한 철학자의 길을 걸어간 사람들이었다.

1939년 제2차세계대전이 발발하고 수많은 젊은 남성들이 군대로 징집된다. 그리고 이 여성 철학자 4인조는 남성이 수적으로 우세하던 학문 세계에서 독특한 역사적 위치를 차지하게 되었다.

미즐리와 친구들은 노교수들과 양심적 병역 거부자들만 남은 상황을 이용해 에이어의 철학이 휩쓴 옥스퍼드대학교에 대안적인 도덕철학을 제안했다. 수그러들 줄 모르는 언어분석 대신 윤리학을 다시 인간 경험의 영역으로 되돌리는 데에 집중했다. 이들이 공동 작업한 유산은 클레어 매쿨과 레이철 와이스먼이 주도하는 더럼대학교의 인 퍼렌더시스 프로젝트에 여전히 남아 있다.

1950년에 메리는 동료 철학자인 제프리 미즐리(Geoffrey Midgley)와 결혼했다. 부부는 뉴캐슬로 이사하고 대학교수로 활동했다. 세 아들이 모두 자란 뒤에 미즐리는 글을 쓰기 시작했다. 늦은 나이에 시작했지만 한 번 책을 내기 시작하자 글쓰기를 멈출 수 없었다. 59세부터 99세까지 책을 비롯하여 〈뉴사이언티스트(New Scientist)〉나 〈가디언〉 등 잡지에 기고한 논문까지 총 200여 종을 저술했다. 활기차고 솔직담백한 말투 덕분에 BBC라디오 4채널의 〈도덕의 미로(Moral Maze)〉 〈여성의 시간(Woman's Hour)〉과 같은 방송에 계속 출연하게 되었다. 리처드 도킨스와 대니얼 데닛(Daniel Dennett) 등 당대 유명한 사상가들과도 직접 교류했고, 도덕철학자이자 대중 지식인으로 널리 이름을 알렸다. 그리고 99세로 세상을 떠나기 바로 직전인 2018년에는 마지막 책《철학은 무엇을 위한 것인가?(What Is Philosophy For?)》를 펴냈다.

메리 미즐리의 사상은 전체론적이라서 어떤 특정 철학 '분야'에 위치시키기 어렵다. 젊은 시절 옥스퍼드대학교에서 지배적이었던 언어학적 패러다임과는 다르게, 미즐리의 표현에 따르면 철학과 인간의 삶은 아주 가까워서 마치 같은 집 이쪽 방에서 저쪽 방으로 가는 것처럼 수월하고 익숙하다. 미즐리는《미네르바의 부엉이》에서 이렇게 표현한다.

철학은 사치품이 아니라 생필품이다.

철학은 성장하거나 사랑에 빠지는 것과 마찬가지로 인간 조건의 필연적 부분이라는 의미다. 우리가 철학을 할 때는 '고립된 지식인'이 되는 것이 아니다. 오히려 인간의 성장을 경험하게 된다. 철학은 그야말로 인간 그 자체. 철학을 인간의 삶으로 본 미즐리는 당시 남성 철학자들에게 두드러지게 나타나던 '사실'과 '가치'의 구분을 거부했다.

현실문제를 지향하는 미즐리의 철학은 그녀의 형이상학, 즉 도덕철학자의 방법론과 역할에서 더욱 잘 드러난다.《유토피아, 돌고래, 컴퓨터: 철학적 배관의 문제(Utopias, Dolphins and Computers: Problems of Philosophical Plumbing)》(1996)에서는 '철학'과 '배관'을 비교한다. 철학과 배관은 둘 다 근원적인 구조물로 사람들이 일상을 살아가는 데에 꼭 필요하지만 눈에 띄지는 않는다. 평소에는 표면 아래에서 조용히 작동하다가, 문제가 생겨야만 표면 위로 드러난다. 우리의 생각이 '배관이 막히듯이' 침체되면, 철학자는 마치 배관공처럼 '바닥을 뜯어내고' 잘못된 생각을 검사하고 문제를 고치려고 노력해야 한다.

이 탁월한 비유는 철학이 삶에서 중심적 역할을 한다는

미즐리의 주장을 잘 보여준다. 철학은 우리의 삶에 정말 중요하다. 오랜 시간 배관에 신경 쓰지 않듯 철학을 무시하면서 살아간다면, 미즐리의 표현대로 머지않아 인생에 문제가 생겨 수리를 받아야 할 것이다.

미즐리의 철학에 계속 등장하는 주제는 '세계-그림들(world-pictures)' 또는 '신화들(myths)'로, 이는 인간 사회의 규범과 관행을 말한다. 《우리가 살아가는 신화(The Myths We Live By)》(2003)에서 미즐리는 다양한 사례를 언급했다. 예컨대 '사회계약'이라는 신화는 오늘날에도 여전히 만연해 있다. 계몽주의 철학에 의해 널리 알려진 이 개념은 '도덕은 본질적으로 하나의 계약일 뿐'이라는 것이고, 이는 한 사회 내에서 자율적인 개개인들이 자유롭게 받아들이게 된다. 미즐리는 자신의 자서전에서 다음과 같이 말했다.

이러한 '신화'는 철학이 어느 정도까지 치료제 역할을 하는지 잘 보여준다.

특히 상황이 단순명료하기보다 제대로 분별하기 어려울 때 더욱 힘을 발휘한다. 미즐리는 이처럼 폭넓은 관점은 필요하다고 생각하지만, 우리가 하나의 이야기나 관점으로 복잡한 세상을 파악할 수 있다고 믿는 것은 문제라고 보았다. 우리의 관점은 일방적이고 환원주의적인 경향이 있기 때문이다. '사회계약'이라는 신화가 거짓이라고 주장한 것이 아니라, '계몽주의적 단순화의 전형적 사례'라고 지적했다.

이처럼 '이 수수께끼 같은 세계'의 다면적인 복잡성을 받아들이는 것은 도덕 감각을 축소시키는 철학 경향과는 상충한다. 즉 도덕적 실체에 대한 통일된 설명을 하기 위해, 예를 들어 유전자, 경쟁, 시장처럼 어떤 단일한 생각이나 개체에 집착하는 경향을 말한다.

미즐리는 《구원으로서의 과학(Science as Salvation)》(1992)과 《고독한 자아(The Solitary Self)》(2010)에서 '사회적 원자론'과 '이기적 유전자' 같은 개념을 비판하면서 이러한 철학 경향에 의심을 표했다. 또한 비슷한 맥락에서 우리에게 빅토리아시대의 사회진화론의 현대 버전으로 경쟁하는 인간의 본성을 비현실적으로 받아들여 생긴 '지나친 개인주의'의 위험성을 경고했다. 《종교로서의 진화(Evolution as a Religion)》(1985)에서는 '리처드 도킨스 같은 현대 과학자들은 인간은 끊임없이 경쟁하는 자연 세계에서 철저히 고립된 개인이라는 해로운 신화를 만들어내기 위해 다윈의 진화론을 왜곡했다'고 지적한다. 이것이 해로운 신화인 이유

Mary Midgley

는 우리가 스스로를 '땅에서 태어난 생명체'가 아닌 '육체와 분리된 정신'으로 바라보도록 부추기기 때문이다. 이러한 자아 개념을 가지고 살면 인생이 잘못된 방향으로 흘러갈 수도 있다.

다시 말하지만, 미즐리는 철학을 혼자서 고군분투하는 학문이 아니라고 본 철학자였다. 오히려 철학은 '배관에 물이 계속 흐를 수 있도록' 여러 사람의 협력이 필요한 공동 작업이다.

그렇다면 미즐리가 내세운 윤리학의 관점은 무엇일까? 《짐승과 인간(Beast and Man)》(1978)에 따르면, 철학은 인간의 복잡한 본성과 자연 세계에서의 위치를 연구하는 학문이다. 인간의 우정, 연대감, 사회적 의존 관계를 연구하고 어떻게 인간이 누군가에게 의존하는 사회적 존재로 살아가는지 탐구하는 학문인 것이다. 그러므로 미즐리의 도덕철학은 대략 '윤리적 자연주의' 안에 놓을 수 있을 것 같다. 윤리적 자연주의란 '도덕이 인간이라는 동물의 생명과 깊이 관련 있다'고 보는 사상이다. 따라서 인간의 다채로운 문화는 자연 세계와 별개가 아니라 자연 세계에 의해 만들어진 것이다.

하지만 미즐리의 자연주의는 환원주의적이지는 않다. 필

리파 풋이 《자연의 선(Natural Goodness)》(2001)에서 언급한 '자연주의'처럼, 미즐리는 우리의 윤리적이고 이성적인 본성은 인간이라는 '생명체'가 만들어낸 풍성하고 복잡한 결과물이라고 말한다.

미즐리가 지속적으로 강조하는 의존, 관계, 전체론은 오늘날 논쟁 중인 페미니즘, 환경윤리, 동물윤리와도 관련이 깊다. 《짐승과 인간》에서는 또 다른 문제적 신화를 제기하는데, 바로 인간과 동물 사이에 큰 구분이 있다는 오해다. 무법 상태의 기계론적인 '짐승'과 이성적이고 지적인 '인간'으로 구분하는 것이다. 미즐리는 '편협한 이원론에 따라 냉혹하게 짐승과 인간을 구분하면 우리의 진짜 본성은 거의 알 수 없다'고 지적한다. 대신 우리는 인간을 동물로 보아야 한다.

우리는 단지 동물과 비슷한 것이 아니라 우리 자체가 동물이다.

미즐리의 자연주의는 인간을 동물처럼 본능에 반응하는 존재로 볼 수 있게 한다. 여기서도 우리는 미즐리가 '고립된 개인'이라는 신화를 비판하는 것을 엿볼 수 있다.

Mary Midgley

'짐승과 인간'이라는 신화를 재해석하면 동물에 대한 풍성한 관점이 생겨나며, 자연환경과 인간의 관계를 보다 폭넓게 바라볼 수 있게 된다. 우리 자신이 자연 세계와 연결되는 존재라는 인식을 가지면 지구에 피해를 입히는 육식 산업과 같은 인간의 활동에 관해 다시 논의해볼 수 있다.

그렇다면 미즐리가 남긴 유산은 무엇인가? 미즐리가 남긴 수십 편의 다작이 하나의 신화다. 인간을 철학적 존재이면서도 동시에 하나의 동물로 보았다. 인간은 '세계-그림들'에 따라 살아가지만 그럼에도 불구하고 끊임없이 변화하는 세계를 단순화하는 것을 거부했다. '고립된 인간'이라는 피상적 신화를 지우고 그 위에 좀 더 풍성하고 다면적인 모습의 인간을 그려냈다. 철학자로서 미즐리는 확실히 시대를 앞서갔다. 나는 여러분이 미즐리의 철학을 읽어보기를 진심으로 추천한다.

케임브리지대학교에서 비트겐슈타인 철학 강좌를 맡은 첫날, 앤
스컴은 바지와 캐주얼한 외투를 입고 출근했다. 직원 하나가 새
로 온 청소부냐고 물었다. 복장 규정 감독관들은 '여성은 강의할
때 치마를 입어야 한다'고 주장했다. 그래서 앤스컴은 강의할 때
면 비닐봉지에 치마를 담아 와서 바지 위에 덧입었다. 한 고급 레
스토랑에서 '바지를 입은 여성은 출입할 수 없다'고 하자 앤스컴
은 바지를 벗어버렸다고 한다.

엘리자베스 앤스컴

Elizabeth Anscombe

영국, 1919~2001

해나 카네기아버스넛(Hannah Carnegy-Arbuthnott) 글

엘리자베스 앤스컴

엘리자베스 앤스컴은 매우 중요한 20세기 철학자다. 동시에 매우 흥미로운 인물이다.

앤스컴은 1919년 아일랜드에서 태어나 런던 남부에서 학교를 다녔고, 옥스퍼드대학교 세인트휴스칼리지에서 고전학과 철학을 전공해 장학금을 받았다. 철학에 뛰어난 소질을 보여 최우등생으로 졸업했지만, 고대사 시험 성적은 형편없었다고 한다. 로저 타이크먼(Roger Teichmann)은 구술 시험에서 '고대 로마의 지방 장관을 뭐라고 부르는지 말할 수 있나?' '당신이 공부하기로 한 시대에 관해 이야기하고 싶은 역사적 사실이 있는가?'라는 두 가지 질문에 '아니오'라고 대답한 일화를 전한다.

앤스컴은 철학자의 길을 걷기 시작한 이래 수십 년간 철학계에 중요한 공헌을 남기고 유명한 철학자가 될 수많은

엘리자베스 앤스컴   195

제자들에게 깊은 영향을 미쳤다. 독실한 가톨릭 신자인 앤스컴은 남편이자 동료 철학자인 피터 기치(Peter Geach)와의 사이에서 일곱 명의 자녀를 두었다. 친구인 필리파 풋은 그녀를 이렇게 평했다.

대단히 강인한 정신과 의지와 육체를 소유한 여성이었기에 이 모든 것을 감당할 수 있었다.

앤스컴은 형이상학, 철학사, 심리철학, 도덕철학, 종교철학 분야에서 중요한 작품을 출간했다. 가장 유명한 작품인 《의도(Intention)》(1957)는 현대 철학의 고전으로 널리 인정받았고, 20세기 행위철학의 결정적 순간으로 평가받고 있다. 논문 〈현대 도덕철학(Modern Moral Philosophy)〉은 당대 덕(德) 윤리학 발전에 자극을 주었다. 그러나 처음으로 인정받은 것은 1953년 비트겐슈타인(Ludwig Josef Johann Wittgenstein)의 《철학적 탐구(Philosophical Investigations)》를 영어로 번역했을 때였다.

당시 대학원생이었던 앤스컴은 케임브리지대학교 뉴넘칼리지에서 비트겐슈타인을 만났다. 그의 강의를 들으며 충실한 학생이 되었고 이후에는 가까운 친구가 되었다.

Elizabeth Anscombe

비트겐슈타인이 세상을 떠났을 때는 그의 유언에 따라 앤스컴이 세 명의 유고 관리자 중 한 명으로 지명되었다. 그녀는 비트겐슈타인의 유고를 편집했고, 수많은 그의 글을 번역했으며, 《비트겐슈타인의 논고 입문(An Introduction to Wittgenstein's Tractatus)》(1959)을 집필했다. 대학원을 졸업한 뒤에는 옥스퍼드대학교 서머빌칼리지의 연구원으로 일하다가, 나중에 다시 케임브리지대학교로 돌아가 비트겐슈타인 철학 강좌를 담당했다.

비트겐슈타인은 앤스컴에게 영향을 미친 것은 분명하다. 그러나 그녀는 단순히 비트겐슈타인의 제자로만 머무르지 않았다. 앤스컴의 연구 범위는 비트겐슈타인에 대한 논평보다 훨씬 광범위했다. 게다가 비트겐슈타인은 윤리적 명제의 존재 자체를 의심했지만, 앤스컴은 대부분 일차적인 도덕문제를 정면으로 다루었다. 도덕철학과 현실 정치문제에 대한 두 사람의 태도와 접근 방식은 일치하지 않았음에도 불구하고 앤스컴이 비트겐슈타인의 사랑을 받은 것은 확고한 사유의 독립 때문이었다.

앤스컴의 독립성은 철학 전반에서 나타난다. 특정 이론 체계를 발전시킨 다음 여러 주제에 적용하는 여느 철학자와는 달랐다. 타이크먼에 따르면 앤스컴은 '화가 날 정도로 각각의 사례를 그 가치에 따라 받아들이는 경향이 있다'.
그녀의 작품 대부분은 일부 철학 분야의 기존 접근법에 대
한 불만에서 비롯되기도 하고, 그동안 간과하거나 무시했
던 근본적인 질문을 다루면서 시작되었다.

앤스컴이 존경하는 철학자들은 꼭 명확한 결론을 내리는
사람들은 아니었다. 그보다는 근원적이고 중요한 문제를
끊임없이 파헤치는 사람들이었다. 논문 〈현대 도덕철학〉에
서는 '데이비드 흄은 훌륭한 인물이지만 소피스트(궤변가)
에 불과하고, 그의 궤변을 파악하면 누구나 더 깊이 탐구할
가치가 있는 문제를 알게 된다'고 지적했다. 또한 앤스컴은
이렇게 직접 말했다.

흄이 내세운 것처럼 보이는 주장들을 좀 더 조사할 필요가
있는 것이 분명하다.

이처럼 흄이 새로운 주제들을 제기한 것만으로도 앤스컴
은 '그의 궤변에도 불구하고 그를 심오하고 위대한 철학자'
로 여기기에 충분했다.

앤스컴은 자신의 철학을 범주화하는 데에 반대했지만,
그녀의 철학은 인간의 심리적 · 도덕적 본성에 관한 근본적

Elizabeth Anscombe

인 문제를 온전히 다루고자 하는 특징을 보인다. 이러한 철학적 난제를 해결하기 위해 그녀는 우리가 일반적인 개념을 어떻게 배우고 습득하는지 분석하는 것과, 만약 우리가 완전히 다른 종류의 존재였다면 어떤 개념을 가졌을지 고려하는 것이 유용한 방식이라고 생각했다.

그녀의 획기적인 작품인 《의도》는 의도, 예측, 동기, 원인 사이의 차이점을 조사함으로써 중재자의 특성이 무엇인지 다룬다. 앤스컴은 1945년 8월 히로시마와 나가사키에 원자폭탄을 떨어뜨린 미국 대통령 해리 트루먼(Harry Shippe Truman) 지지자들에게서 당혹감을 느낀 후에 《의도》를 썼다. 많은 사람들은 제2차세계대전을 끝내기 위해 어려운 결정을 내린 것이라 생각했으며 트루먼은 널리 지지를 받았다. 존 할데인(John Burdon Sanderson Haldane)에 따르면, 앤스컴은 사람들이 트루먼의 행동이 가진 본질을 제대로 이해하지 못했다고 결론을 내리고 《의도》라는 책을 쓰기로 마음먹었다. 이 책에서 그녀는 한 가지 일을 하는 것(손을 움직이는 것) 안에는 의도적으로 다른 일을 하는 것(살인을 지시하는 것)이 포함될 수 있다는 사실을 지적했다.

앤스컴은 행위가 어떻게 설명되고 정당화되는지 살펴보면 의도적인 행위들의 차이를 분별할 수 있다고 주장했다.

앤스컴은 이러한 여러 개념에 관해 '묘사한' 행위의 중요성에 주목했다.

　예를 들면 어느 가족이 우물에서 물을 퍼 올려 그들의 집에 날라 줄 사람을 고용했다고 해보자. 그러나 나중에 알고 보니 다른 누군가가 그 가족을 몰살하려고 그 우물에 독약을 탔었다. 이러한 경우에 고용된 사람과 관련해 여러 사실을 묘사할 수 있다. 그는 물을 퍼 올려 집으로 나르고 임금을 받았다. 그가 사용한 기계에서 딸깍 소리가 났다. 그는 집에 있는 사람들을 죽음으로 내몰았다. 우리는 그의 '의도'를 찾아내려면 제대로 된 질문, 즉 '왜'라는 질문을 던져야 한다. 반면 '어떻게'라는 질문으로는 그의 의도를 찾아낼 수 없고, 다만 펌프는 손잡이로 압력을 가해 작동한다는 식의 일반적인 상황에 대한 대답만 얻을 뿐이다.

　이 같은 방법으로 그 사람의 의도를 평가하는 것과 관련된 행위 묘사가 무엇인지 밝혀낼 수 있다. 그가 가족들을 죽음으로 몰고 간 것은 사실이지만, 그의 의도된 행위는 아니었다. 이와 반대로 만약 물에 독이 들어간 것을 알았는데도 계속 물을 퍼 올려 집으로 나른 것이라면, 비록 피해를 입힐 마음이 없었더라도 가족들을 독살한 것은 그의 의도된 행위가 확실하다. 그 사람은 의도적으로 독이 든 물을

Elizabeth Anscombe

퍼 올려 집으로 나르고 있고, 가족들이 독살되는 것은 그 행위의 예견된 결과다. 하지만 일부 행위의 인과적 결과는 의도된 행위와는 구별된다. 예컨대 내가 저녁 식사를 위해 미트볼을 요리하는 의도된 행위가 우리 집 개를 부엌으로 들어오게 만드는 것처럼 말이다.

앤스컴이 관심을 가진 의도의 특성은 우리의 행위에 내리는 도덕적 평가와도 밀접한 관련이 있었다. 논문 〈현대 도덕철학〉에서 혹평했듯이 당대 도덕철학자들이 '의도'를 대하는 방식을 비판했다. 사람은 자발적 행위가 가져올 예견된 결과를 의도할 수 있다고 주장하는 빅토리아시대의 도덕철학자 헨리 시지윅(Henry Sidgwick)을 비판했다. 이러한 의도에 대한 견해를 통해 시지윅의 윤리적 테제를 엿볼 수 있다. 즉 사람은 자발적 행위가 가져올 모든 예견된 결과에 대해, 그가 이런 결과를 원했든 원하지 않았든 상관없이 책임을 져야 한다는 것이다.

앤스컴은 시지윅의 윤리적 테제가 매우 퇴보한 나쁜 사상이라고 생각했으며, '시지윅의 테제를 따르면 어느 행위의 옳고 그름을 오로지 그 행위의 결과를 가지고서 평가하게 된다'고 지적했다. 시지윅의 주장은 나쁜 행위로 인해 최악의 결과가 나타나도 변명할 수 있는 빌미를 제공한다.

결과를 예견하지 못했다고 주장하면 그만이기 때문이다. 앤스컴은 시지윅과 반대로 사람은 '나쁜' 행위에 따른 나쁜 결과에는 책임져야 하지만, 선한 결과에 대한 공로는 인정받지 못한다고 주장했다. 반면 '선한' 행위에 따른 나쁜 결과는 책임질 필요가 없다. 앤스컴이 보기에 시지윅의 잘못은 '예견된 결과'와 '의도된 결과'를 구별하지 않은 것이다. 더군다나 앤스컴은 어떤 행위의 고유한 선함 또는 악함도 의도된 행위에 대한 도덕적 책임을 평가하는 요소로 포함시켜야 한다고 주장했다.

앤스컴은 시지윅의 철학을 언급하기 위해 '결과주의'라는 용어를 만들었다. 비록 그녀는 이 용어를 냉혹하게 불렀지만, 이후로 이 용어는 스스로 도덕철학의 중요한 분야로 굳어졌다.

〈현대 도덕철학〉에서 앤스컴은 '결과주의'를 비판했을 뿐 아니라 도덕철학의 모든 근대적 접근 방식, 즉 우리가 지켜야 할 도덕률이 존재한다는 사상을 겨냥하기도 했다. 앤스컴은 이러한 접근 방식은 '도덕이 종교법에 기초하던 시절에 남긴 유산'이라고 주장했다. 하지만 신성한 입법자라는 개념 없이는 옳고 그름과 같은 관념은 더 이상 의미가 없다. 앤스컴도 이를 어느 정도 인정하면서, 밀이 주장한 공리(utility)의 원리는 '어리석고' 칸트의 입법적 이성은 '터무니없다'고 말했다. 그녀는 인간의 심리를 충분히 설명하지 않은 채 도덕철학을 지속하는 것은 헛된 일이라고 주장했다.

특별히 인간과 같은 생명체는 번영하는 데에 필요한 것이 무엇인지 이해하기 위한 철학적 근거가 필요하다. 인간을 번영케 하는 것이 무엇인지 알면 어떤 맥락에서 어떤 행동이 도덕적이라고 여겨지는지 밝혀질 것이다. 이런 점을 고려해 사람들은 〈현대 도덕철학〉을 도덕 윤리학으로 회귀를 주창한 논문이라고 이해했다. 확실히 이 논문은 필리파 풋, 알래스데어 매킨타이어(Alasdair Chalmers MacIntyre), 로절린드 허스트하우스(Rosalind Hursthouse) 같은 신아리스토텔레스주의자들이 덕 윤리학을 주류 철학으로 되살리는 데에 길을 열어주었다.

하지만 로저 크리스프(Roger Crisp) 같은 일부 철학자는 〈현대 도덕철학〉을 종교에 기초한 윤리학의 우월성을 논의한 텍스트로 읽어야 한다고 주장한다. 앤스컴은 결국 독실한 가톨릭 신자였고 그녀의 철학에는 종교적 색채가 자주 드러났다. 앤스컴은 12세부터 15세까지 다양한 신학 서적을 읽고 이때 처음 로마가톨릭교로 회심했다. 회심자들이 흔히 그렇듯 그녀는 자신의 신앙을 매우 진지하게 여겼다.

앤스컴과 함께 미사에 참석했던 어느 사제의 이야기에 따르면, 성체성사 때 그녀는 가끔씩 바닥에 엎드리고 두 팔을 뻗었다. 앤스컴이 기절했다고 생각한 사람들이 일으켜 세우려 하면 그녀는 사람들을 뿌리쳤다고 한다.

이 때문에 앤스컴은 철학에 관심을 가지기도 했다. 19세기 책인《자연신학(Natural Theology)》을 읽고 두 가지 난제를 발견했다. 첫 번째 난제는 하느님은 누군가 죽었을 때, 만약 그가 죽지 않았더라면 무슨 일을 했을지 알고 있다는 주장이었다. 하지만 앤스컴은 어떤 일이 실제로 일어난 것과 다르게 전개될 때 어떤 일이 벌어진다는 사실 자체를 믿지 않았다. 두 번째 난제는 하느님의 존재를 증명하는 방법 중 하나인 '제일원인'인데, 이 방법을 발전시키려다가 처음으로 철학을 시작하게 되었다.

후기 저작인《피임과 순결(Contraception and Chastity)》(1972)에서 그녀의 신앙과 철학은 다시 조우했다. 이 책에서는 차단 피임법이 가톨릭 교리에서 금지된 반면, 주기 피임법은 문제가 없다는 것을 입증하기 위한 설명을 하면서 의도된 행동에 대한 자신의 철학 사상을 다시 언급했다. 이 책의 일부 언급 때문에 '앤스컴은 낙태와 남색을 옹호한다'

Elizabeth Anscombe

는 논란을 불러왔다. 마이클 태너(Michael Tanner)와 버나드 윌리엄스는 그녀가 교황과 교회로부터 부패한 사상을 받아들였다고 비난했다. 이에 앤스컴은 비꼬듯 '나의 친절한 이웃 철학자들'에게 답변을 보내며 응수했다.

앤스컴은 상대가 유명한 철학자든 대주교든 대학교의 학부생이든, 철학 논쟁에는 매우 진지하게 임했다(아마(Armagh)의 대주교가 비트겐슈타인의 《논고》의 한 부분에 대해 잘못 말한 것을 지적하려고 편지를 보낸 적도 있다). 한때 앤스컴이 가르친 학생이었던 마이클 더밋(Michael Anthony Eardley Dummett)은 그녀가 동의할 것이라고 생각되는 어떤 논의도 가장 강력하게 공격했고, 가끔은 정해진 개인 지도 시간을 훨씬 연장할 때도 있었다고 말했다. 상대방의 명성과는 상관없이 진지하게 논쟁에 임하는 것이 대화 상대에게 존중을 표하는 하나의 방식이었다.

남성들이 군림하는 옥스브리지 철학 세계에서 여성으로서의 이런 행동이 때로는 마찰을 일으키기도 했다. 앤스컴이 최초로 발표한 출간물은 C. S. 루이스(Clive Staples Lewis)의 책 《기적(Miracles)》(1947)의 한 챕터에 관한 비평문이었다. 앤스컴은 이 글을 옥스퍼드 소크라테스클럽(Oxford Socratic Club)에서 읽었다. 하필 이 자리에는 루이스 본인도 참석해 있었고, 그는 앤스컴의 강력한 공격으로 큰 충격을 받았다. 이때를 두고 '이 클럽의 역사에서 가장 극적인 순간이었다'고 평하는 사람도 있다. 그러나 앤스컴 자신은 그 순간을 이렇게 회상한다.

꽤 명징한 비평에 대해 냉철하게 토론할 수 있는 기회였다. 루이스의 일부 동료들은 실제 논쟁이나 주제에는 별 관심이 없는 듯 보였다.

이렇듯 상반되는 말을 접할 때면, 모임 참석자들에게 충격을 준 이유가 실제로 여성이 유명한 저자에 대한 지적 논쟁을 주도한 것 때문인지 의심하지 않을 수 없다.

앤스컴은 자신이 남성의 세계 안에 있던 여성이라는 현실을 확실하게 인지했다. 케임브리지대학교에서 비트겐슈타인 철학 강좌를 맡은 첫날 시험 감독관 사무실에 들어갔는데, 앤스컴은 바지를 입고 캐주얼한 외투를 걸치고 있었다. 직원 하나가 그녀에게 인사를 건네며 '새로 온 청소부냐'고 물었다. 케임브리지대학교의 복장 규정 감독관들은 평소 바지를 입는 앤스컴의 습관을 거슬려했고, '여성은 강의할 때 치마를 입어야 한다'고 주장했다. 그래서 앤스컴은

Elizabeth Anscombe

강의할 때면 비닐봉지에 치마를 담아 와서 바지 위에 덧입었다. 또 전설처럼 내려오는 이야기에 따르면, 보스턴의 한 고급 레스토랑에서 바지를 입은 여성은 출입할 수 없다고 하자 그녀는 그냥 바지를 벗어버렸다고 한다.

앤스컴은 정말 대단한 여성이었고 여러모로 전형적인 철학자였다. 지면 관계상 이 책에서 앤스컴의 다양한 작품을 모두 소개할 수 없다. 그러나 나는 여러분이 그녀의 저작을 직접 읽어보기를 적극적으로 추천한다. 그녀의 모든 작품은 늘 재치 있고 도전적이며 읽을 만한 가치가 있다.

워녹에게 '이타주의'는 도덕성의 핵심이다. 가치를 판단할 때는 '사회적인 공공의 선'을 추구해야 한다.

이는 워녹이 '대처리즘'에 동의하지 않은 근본 이유와도 관련되어 있다. 당시 대처리즘이 부추긴 인간의 이기심은 공익을 저해했다. 그 이기심은 진정한 문명사회와는 조화되기 어렵다.

메리 워녹
Mary Warnock
영국, 1924~2019

굴자르 반(Gulzaar Barn) 글

메리 워녹

이 책의 목표는 정통 철학에서 소외된 여성 철학자들을 소
개하는 것이지만, 내가 난생처음 읽은 철학책은 우연찮게
도 여성 철학자가 쓴 책이었다.

메리 워녹의 《지성인을 위한 윤리학 입문(An Intelligent
Person's Guide to Ethics)》(1998)이라는 책인데, 대학교 입시 준
비 과정(sixth form, 영국 학제에서 16세 이상 학생들이 다니는 2년
간의 대입 준비 과정─옮긴이) 마지막 해에 부모님이 이 책을
건네주셨다.

책을 읽고 난 뒤 나는 대학교에서 철학을 전공하기로 마
음먹었다. 불행히도 이 책을 읽은 나는 '철학은 소화하기
쉽고 명쾌한 것'이라는 잘못된 인상을 갖게 되었다. 대학원
에서 상업적 대리모 행위로 제기된 윤리적 문제에 관한 글
을 쓸 때는 주로 워녹의 작품을 참고했다. 여기서 나는 워

녹이 '인간생식배아관리국 조사위원회' 위원장을 맡았고 (1984), '대리모 알선법' 제정(1985)에 직접적인 영향을 미쳤다는 사실을 알게 되었다. 철학자 한 사람이 그처럼 중요한 자리에 임명되고 정책에 막대한 영향력을 행사한다는 사실이 경이로울 따름이었다. 철학을 공공의 영역에 적용한 워녹의 실천적 행동은 실제로 나에게 큰 울림을 주었고 이 글을 쓰는 데에도 영감을 선사했다.

워녹은 1924년 윈체스터에서 일곱 남매 중 막내로 태어났다. 윈체스터칼리지에서 현대 언어를 가르쳤던 아버지는 그녀가 태어나기 7개월 전에 세상을 떠났다. 이런 비극에도 불구하고 워녹은 기억 속에 자신의 어린 시절은 매우 행복했다고 말한다. 실제로 워녹은 유복한 생활을 누렸다. 가정부가 식사를 위층으로 가져다주었고, 유모가 있었으며 유모에게 깊은 애착을 느꼈다고 한다. 워녹은 공립학교와 기숙학교를 다녔다. 재미있게도 워녹은 열여섯 살 무렵 자신이 '태생적인 토리당(영국 보수당의 전신으로 왕당파 세력—옮긴이)'이라는 것을 알았다고 한다.

나는 사냥을 좋아했고, 유서 깊은 상류층을 좋아했고, 대성당을 좋아했다.

Mary Warnock

하지만 제2차세계대전이 발발하자, 타고난 본능을 마음 껏 충족시키는 것이 잘못임을 느꼈다. 그녀는 자신의 특권 을 점검하기로 마음먹었고 결국 깨우치게 되었다.

나는 냉정해져야 하고, 나의 특권이 가진 부당함을 깨달아 야 하고, 계급 없는 사회를 지향하기 시작해야 하고, 정칙 에 대해 생각해야 하고, 내가 막연히 생각했던 모임에 갈 수 있는 사람이 되어야 한다.

현대 정치 캠페인을 부끄럽게 만드는 개종의 기술들이 다. 게다가 남편인 제프리 워녹(Geoffrey Warnock, 옥스퍼드대 학교 모들린칼리지의 철학교수, 허트퍼드칼리지 학장, 옥스퍼드대학 교 부총장을 역임)은 그녀보다 훨씬 왼쪽으로 치우친 사람이 었고, 그녀의 정치적 방향을 변화시키는 데에 결정적 역할 을 미쳤다.

옥스퍼드대학교에서의 생활은 현기증이 날 정도로 화려 했다. 워녹은 레이디마거릿홀(Lady Margaret Hall, 1878년 옥스 퍼드대학교에서 최초로 설립한 여자대학—옮긴이)에서 '고전인문 학 과정' 학위를 받았다.

그녀는 영국 잉글랜드 서리(Surrey)에 있는 프라이어스필

드스쿨에 다니면서 자신감을 얻지 않았다면 이 학위를 받지 못했을 것이라고 말했다. 헉슬리 가문에서 세우고 올더스 헉슬리와 줄리언 헉슬리가 다녔던 이 학교는 정치와 문화에 지대한 관심을 가졌다.

하지만 전쟁 기간에 학부생이 되는 것은 그다지 유쾌한 일은 아니었다. 전시 규정에 따라 보통 4년 과정인 '고전인문학 과정'의 기간이 줄어들어야 했다. 전쟁 때문에 워녹의 학업은 지장을 받았고 2년 동안 셔번여학교에서 가르치다가 레이디마거릿홀로 다시 돌아왔다. 학사 학위를 마친 뒤에 워녹은 관례적으로 2년 과정인 철학과 대학원 과정을 1년 만에 마쳤다. 이후 세인트휴스칼리지에서 철학 강사로 임용되었고, 남편 제프리는 모들린칼리지에서 우등상을 수상했다.

메리 워녹이 강사로 활동하는 시기에 옥스퍼드 철학은 전성기를 맞이했다. 옥스퍼드대학교 철학과 대학원 과정은 전 세계적으로 인기가 높았다. 필리파 풋, 길버트 라일(Gilbert Ryle), J. L. 오스틴(John Langshaw Austin) 같은 인물들이 몰려들었다. 워녹과 그의 남편은 이사야 벌린(Isaiah Berlin), 피터 스트로슨(Peter Frederick Strawson)과 앤 스트로슨(Anne Strawson), 킹슬리 에이미스(Kingsley Amis)와 힐러리 에 이미스(Hilary Amis) 등과 자주 어울렸다. 허트퍼드칼리지의 원칙에 따라 제프리 워녹의 초상화는 화가 데이비드 호크니(David Hockney)가 그렸다.

워녹은 이 기간에 옥스퍼드의 좌파 교수들이 노동당과 어떻게 연결되었는지, 그리고 정책에 관해 조언했는지를 회상한다.

실제로 공동시장에 관해 처음으로 논의를 시작한 사람들도 바로 이들이었다.

워녹은 마거릿 대처(Margaret Hilda Thatcher)도 수없이 만났으며, 자신의 회고록에서는 대처리즘에 관해 길게 설명했다. 그리고 이렇게 개탄했다.

대학 보조금을 삭감하고 산업계의 요구를 충족시키고자 대학에 부과하는 새로운 비용 때문에 고등교육이 무너지고 있다.

대처리즘을 향한 가장 결정적인 발언은 다음과 같았다.

돈을 낭비하지 않는 것만큼 중요한 것은 없고 저축과 번영 외에는 아무런 가치도 없다는 생각이야말로 대처가 남긴 가장 중요한 유산일 것이다.

이제까지는 국가와 관련된 일이라고 생각했던 개개인도 마침내 자기 자신을 위해 워녹의 가치를 받아들이기 시작했다. 사람들은 '거절할 수 없는 제안'에 대해 점점 더 많은 이야기를 했다. 물론 거절할 수 있는 제안이었지만 사람들은 거절하고 싶지 않았다. 그들을 부유하게 만들어줄 제안이었기 때문이다. 이러한 문화에서는 부자가 되는 정직한 수단과 부정직한 수단 사이의 선을 넘는 일은 점점 더 쉬워진다. 만약 개인의 부가 최고의 가치로 여겨진다면, 부를 얻는 수단은 무엇이든 상관없는 것이 되어버린다. 도시와 주식시장에서 도덕의 기준이 무너지면 불가피하게 무슨 일이 벌어질지는 불 보듯 뻔한 일이다.

워녹은 부자가 되는 것을 뛰어넘는 가치에 대한 헌신을 분명하게 보여주었다. 예를 들어보자. 1984년 그녀가 이끄는 조사위원회는 대리모 행위의 반(反)시장화 입장을 분명히 했고, 영국에서는 '대리모 알선법'에 따라 상업적으로 대리모를 알선하는 행위가 일체 불법이 되었다. 워녹은 조

Mary Warnock

사활동을 주도하였으며, 상업적 대리모 행위는 잠재적 이익보다 착취의 위험성이 더 높다고 결론지었다.

사람을 누군가의 목적을 위한 수단으로 여기는 것은 '금전적 이익이 개입될 때 명백한 착취 행위'다.

워녹의 조사위원회는 이같이 명시하며, 대리모 행위는 시장의 적절한 범위에서 벗어나고, 기업이 대리모 행위를 이용하는 것은 부를 쌓기 위한 부정직한 수단이라고 간주하였다.

그러나 상업적 대리모 행위는 영국에서만 법적으로 금지되었을 뿐, 다른 지역에서는 여전히 성황 중이다. 인도는 상업적 대리모 행위가 가장 활발하게 벌어지는 나라로 꼽힌다. 인도산업연합(Confederation of Indian Industry)은 현재 대리모산업 규모를 연간 23억 달러로 추정하고 있다. 인도의 대리모산업은 부유한 외국 손님들이 형편이 넉넉지 않은 인도의 대리모에게 의뢰하는 형태로 이루어진다. 관련 분야의 철학자들은 대부분 인도의 대리모 알선 행위가 가지는 착취적 특징을 지적한다.

하지만 비다 파니치(Vida Panitch)나 스티븐 윌킨슨(Stephen

Wilkinson) 같은 이론가들은 '착취적 대리모 행위는 사회적으로 혜택을 받지 못하는 여성들에게 가능한 한 최선의 선택일 수 있다'고 주장하면서 무조건 금지하는 데에 찬성하지는 않는다.

그러나 최근 몇 년간 학문과 언론의 관심이 집중되면서 대리모 행위에 대한 인도 정부의 입장이 극적으로 바뀌고 있다. 2018년 12월에 대리모 (규제) 법안이 인도 의회 하원에서 통과된 것이다. 이 법은 상업적 대리모 행위를 효과적으로 금지하고, 그 대신 인도 국민들만이 이용할 수 있으며, 지역적으로 규제되는 이타적 모델로 대체한다는 내용을 담고 있다.

영국의 대리모 법도 현재 영국법률위원회에서 3년간 검토를 받고 있다. 개혁의 핵심 타깃은 법률의 불확실함이다. 이 어중간한 법률로 인해 영국 거주자들이 대리모를 찾아 해외로 눈길을 돌릴 수도 있기 때문이다. 워녹은 대리모 허용에 대해 '비합리적인 편견'을 갖고 있고 '매우 부정하다'는 직감을 따른다고 솔직하게 인정했다.

상업적 대리모를 금지하면 틀림없이 다른 곳에서 그 수요를 충족할 산업이 출현할 수 있다. 보고에 따르면, 인도에서 이 산업의 가장 큰 소비자는 영국인이라고 한다. 대

Mary Warnock

리모 법을 완화하는 법률은 다른 나라 대리모들의 부담을 줄여준다는 면에서, 기존의 해악 중 일부를 재분배하는 데에 도움이 될지도 모른다. 그러나 만약 영국의 대리모가 사회경제적으로 취약한 탓에 그 일을 받아서 한다면 착취와 유사한 이 문제는 계속될 것이다.

워녹은 '정치' '대중' '생의학' 사이의 중요한 중개자인 '생명윤리학'이라는 학문 분과를 장려한 공로를 인정받고 있다. 생명윤리학은 생물학, 의학, 의료 분야가 발전하면서 발생하는 쟁점들을 연구하는 학문이다. 여기서 일반적으로 다뤄지는 이슈로는 낙태, 안락사, 임상 연구 윤리, 부족한 의료 자원의 할당문제 등이 있다. 던컨 윌슨(Duncan Wilson)은 워녹이 추진한 생명윤리학과 윤리위원회의 발전에 대해 이렇게 주장한다.

지금까지 자율에 맡겨진 직업에 대한 감시를 강화하려는 보수 정부의 열망과 일치했다.

그럼에도 이러한 정치적 요구는 '철학자들은 현실문제를 두고 씨름해야 한다'는 워녹의 신념을 실현시켰다.

그리고 한때 정부 조사위원회 위원장으로 임명된 그녀는

생의학계의 온정주의를 비판하고 외부 감시의 이익을 극찬하면서, 생명윤리학을 강력하게 옹호하는 사람이 되었다.

회고록에서 워녹은 '인간생식배아관리국 조사위원회'의 최종 보고서를 만드는 데에 어떤 어려움이 있었는지 언급했다. 위원들에게 합의를 이끌어내고 무엇에 반대하는지 명확하게 이야기하도록 만드는 게 어려웠다고 회상한다. 위원들은 어떤 결론에도 만족하지 못했기 때문이다. 또한 이처럼 화해할 수 없는 차이에 대한 해결책은 '올바른' 정답을 찾는 데에 있지 않고, 오히려 너무 느슨하다고 생각하는 사람이든 너무 엄격하다고 생각하는 사람이든 누구나 동의할 만한 현실적인 무엇인가를 제안하는 데에 있다고 전한다.

엇갈리는 의견들을 마주한 상황에서 '합의에 이르고자 하는' 열망은 워녹의 책《지성인을 위한 윤리학 입문》서론에도 나온다. 여기서 논리실증주의가 도덕철학과 정치철학에 미친 영향에 대해 안타까워하는 대목이 등장한다. 논리실증주의는 1920년대에 등장한 철학이다. 이 철학은 의미 있는 명제는 단 두 가지 유형만 있다고 주장한다.

첫째, 수학적 명제처럼 필연적이고 객관적인 명제
둘째, 실증적 과학 연구에서 드러나는 사실처럼 관찰할 수

있는 증거에 의해 검증된 사실로 만들어진 명제

이러한 접근법은 도덕철학에서 가치 판단을 '이 행위는 선하다/옳다/그르다'와 같이 의미가 들어가 있지 않은 것으로 만드는 효과를 낳았다. 결국 이 방식으로는 진실을 검증하거나 잘못을 확인할 수 없다.

워녹은 객관적인 '사실'을 위해 주관적인 '가치'를 폄하하는 것을 문제시했다. 그녀는 이러한 문제들이 제기될 때 우리가 가치 있게 여기는 것이 무엇인지, 그것을 왜 가치 있게 여기는지, 여기서 '우리'라는 주체는 누구인지를 질문해야 한다고 생각했다. 워녹은 이와 관련해, 도덕적 상대주의 때문에 혼란을 느끼기도 했다. 도덕적 상대주의란 도덕적 판단을 내릴 때 진리나 옳고 그름이 절대적이지 않고 개인이나 그룹의 도덕적 기준에 따라 상대적이라고 보는 견해다. 도덕적 상대주의에서는 깊고 넓은 도덕적 다양성이 존재하고 이들 사이에 판단을 내릴 수 있는 보편적 도덕 원칙이 없다고 주장한다.

하지만 워녹에게 '이타주의'는 도덕성의 핵심이다. 선(善)은 단지 보는 사람의 관점에 따라 달라지는 것이 아니다. 오히려 반대로 인간 본성 그 자체로부터 나오는 보편적이고 영원한 가치들이 있다. 따라서 가치를 판단할 때는 '사회적인 공공의 선'을 추구해야 한다. 이는 워녹이 '대처리즘'에 동의하지 않은 근본 이유와도 관련되어 있다. 당시 대처리즘이 부추긴 인간의 이기심은 공익을 저해하는 역할을 했다. 결정적으로 대처리즘으로 인한 이기심은 진정한 문명사회와는 조화되기 어렵다. 워녹은 사회 공동체와 관련된 개인의 역할을 강조하고 전체의 안정과 화합을 위한 행위를 선으로 여기므로, 일종의 공동체주의자로도 읽힐 수 있다.

워녹은 《인간의 영혼(The Spirit of Man)》(1916)을 지금까지 읽은 책 중에 가장 교훈적이라고 말한다. 이 책은 셰익스피어의 소네트(14행의 짧은 시로 이루어진 서양의 시가—옮긴이)와 다른 시들, 스피노자와 톨스토이(Aleksey Konstantinovich Tolstoy)와 플라톤의 발췌 글을 모아놓은 선집이다. 메리 워녹은 '영원불멸하고 이해할 수 있고, 무엇보다도 모두가 공유할 수 있는' 가치가 압축되어 있는 '이야기'의 힘을 믿었다. 자신이 받았던 학교 교육과 대학 교육을 진정으로 누리고 깊이 감사했다.

이처럼 감사하는 마음에는 아이들의 상상력을 키워주는 것뿐 아니라 윤리를 교육하는 것이 중요하다는 신념이 반영되어 있는 듯 보인다. 그리고 1978년 특수교육 개선의 발판

Mary Warnock

을 마련하기 위한 '장애아동및청소년교육 조사위원회'에서 자신의 역할을 통해 이러한 정서를 발전시켰다. 이 조사위원회는 특히 기존의 잘못된 편견에 도전함으로써 장애인에 대한 사회적 수용을 장려했고 장애에 관한 인식을 변화시키는 데에 앞장섰다. 워녹은 모든 아이를 위한 교육의 가치를 강조했다. 교육은 누구나 걸어가야 할 길로 보았고 교육이 지향해야 하는 공동선이라는 이념을 재확인한 것이다.

워녹은 교육계와 정치계, 학계 사이를 연결하는 다리 역할을 성공적으로 해냈다. 우리 사회가 추구해야 할 가치가 무엇인지 끊임없이 질문하고, 시민의 공동선을 추구하기 위해 여러 분야의 전문가들이 어떻게 협력할 수 있을지 탐구하면서 이 모든 일을 이루어냈다.

자신의 저작을 하나도 남기지 않은 소크라테스가 서양 철학의 아
버지라면, 소크라테스보다 앞서 등장한 오룬밀라는 왜 아프리카
철학의 아버지가 될 수 없는가?
두 인물의 통찰력이 얼마나 유사한지 밝혀내기 위해 올루웰레는
다양하고 정교한 접근법을 활용했다.

소피 보세드 올루월레

Sophie Bosede Oluwole

나이지리아, 1935~2018

민나 살라미(Minna Salami) 글

현대 요루바의 정통 철학을 확립한 소피 보세드 올루월레의 삶과 사상을 살펴보려면, 나이지리아 요루바족의 역사를 간략하게나마 이해해야 한다. 이 역사 자체가 그녀의 철학 사상을 뒷받침하기 때문이다.

올루월레의 독특한 위치를 이해하려면, 먼저 20세기 초반만 해도 나이지리아라는 나라 자체가 없었다는 사실을 알아야 한다. 요루바족은 오늘날 나이지리아의 남서부에서 베냉과 토고에 이르는 지역에 오요(Oyo)제국을 세웠다. 이 제국은 요루바족이 정복한 수많은 도시국가로 이루어져 있었다. 도시국가 중 하나인 '온도(Ondo)주'에서 1935년 올루월레가 태어났다. 그녀가 태어날 당시 나이지리아는 21년째 영국의 식민 지배를 받고 있었다. 니제르강(이 강과 관련된 신비로운 수수께끼 때문에 영국인들이 이 지역 탐험을 시작했다)

의 북동쪽에 있는 왕국들과 함께 1914년에 요루바 도시국가들 중 마지막 나라(에그바왕국)가 사라지고, 오요제국은 하나의 거대한 식민지인 나이지리아로 합병되었다.

나이지리아가 탄생하고 21년 뒤에 온도주에서 태어난 소녀의 어린 시절에 식민지화는 얼마나 영향을 미쳤을까? 그녀는 자신을 나이지리아 사람이라고 생각했을까, 아니면 요루바족이라고 생각했을까? 영국의 식민 지배를 받던 시절에 정신적인 식민지화는 얼마나 이루어졌을까? 그녀가 '소피'라는 이름으로 개명하게 된 계기를 알면 이 질문들의 힌트를 얻을 수 있다. 올루월레는 여덟 살까지 '보세드'라고 불렸다. 그러나 우등생으로 소문나면서, 학교 교장이 그녀의 아버지에게 '소피아'라고 개명하기를 권유했다. 아버지도 총명한 딸에게 그 이름이 어울린다고 생각했다.

만약 영어 이름이 지성의 상징으로 여겨졌다면? 이는 식민지 교육이 이 시기에 시작되었다고 가정해도 무방할 것 같다. 교장이 개명을 요구했을 때 가족이 이를 찬성했다는 사실은, 온도주에도 이미 식민지적 사고방식이 깊이 뿌리내려 있었음을 보여준다. 실제로 올루월레는 스스로 '소피아'를 '소피'라고 한 번 더 바꾸긴 했지만 식민지화의 유산을 여전히 유지하고 있었다. 우연찮게도 개명한 이름은 자

Sophie Bosede Oluwole

신이 평생을 바친 '철학'이라는 학문과 관련 있었다. '철학 (philosophy)'의 '필로(philo)'는 고대 그리스어로 '사랑하다'를 뜻하고, '소피아(sohpia)'는 '지혜'를 의미한다. 지혜를 사랑하는 것, 즉 철학은 올루월레의 위대한 도구가 되었다.

다양한 유형의 사랑이 그녀를 철학으로 이끌었다. 1963년 28세였던 올루월레는 소련에서 학위를 받은 첫 번째 남편과 모스크바로 이주했다. 첫 번째 남편과 낳은 두 자녀(나중에 네 명을 더 낳는다)는 다른 가족과 함께 나이지리아에 남았다. 모스크바에서 대학교에 입학했으나, 남편이 서독 쾰른으로 자리를 옮기는 바람에 다니지는 못했다. 다시 쾰른에서 대학교에 지원했지만 이번에는 남편이 1년 후에 미국으로 가야 했기 때문에 기회를 놓치고 말았다. 1967년 미국에서 나이지리아로 돌아온 올루월레는 마침내 라고스대학교에 입학해 철학 학사와 석사 학위를 받았다. 이후 유명한 이바단대학교에서 철학 박사 학위를 받았다. 이로써 나이지리아의 대학교에서 최초로 철학 박사 학위를 받은 나이지리아 사람이 되었다.

올루월레는 요루바 사상과 아프리카 철학을 자각하기 시작했다. 그녀가 처음에 제시한 박사 학위 논문 제목은 〈요루바 윤리 사상의 합리적 근거〉였다. 그런데 이 주제를 심사할 교수가 부족해 어쩔 수 없이 〈메타 윤리학과 황금률〉이라는 제목의 논문을 쓰기로 했다. 이것도 우연찮은 일이었다. 올루원레는 실제로 '요루바 사상의 합리적 근거'를 연구하는 데에 평생을 헌신했기 때문이다.

도리어 그녀가 전공한 '응답의 윤리학'은 아프리카 철학의 환원론과 운명론을 비난하는 사람을 반격할 수 있는 근거가 되었다. 올루월레는 말한다.

서양 철학을 배우고 경험하면서 아프리카 철학 연구를 시작하게 되었다. … 나는 아프리카 사람들은 결코 합리적인 철학 전통을 만들어내지 못했다고 교육받았다.

심지어 1984년 박사 졸업 축하 파티에서 철학과 학장은 '(그녀가) 전에 했던 말도 안 되는 말을 이제는 할 수 있는 자격을 얻게 되어 축하한다'고 했다. 올루월레는 이러한 회의론이 틀렸음을 증명하고자 자신의 지적 재능을 사용하기로 마음먹고 새로운 선언을 했다.

아프리카의 토착 지성을 재발견하고 되살리고 다듬고 수정하고 홍보하기 위한 운동을 펼칠 것이다.

Sophie Bosede Oluwole

그리고 인종차별적 관점을 노골적으로 드러낸 홉스, 헤겔, 루소 등 서양 철학자들을 신랄하게 비판했다. 그뿐만 아니라 폴랭 J. 웅통지(Paulin J. Hountondji), 아킨 마킨데(Akin Makinde), 크와시 위레두(Kwasi Wiredu) 같은 유명한 아프리카의 철학자들에게도 과감하게 혹평을 보냈다.

- 문헌 없이는 과학 문명이 존재할 수 없다. (웅통지)
- 아프리카 언어는 철학적 담론을 다룰 수 있을 만큼 충분히 복잡하지 않다. (마킨데)
- 아프리카의 전통적 이해 방식은 직관적이고 비과학적이다. (위레두)

올루월레는 이들의 주장을 모두 터무니없고 허구적이라고 비판했다. 그리고 이렇듯 덧붙인다.

서양의 개념과 전통으로부터 비롯된 개념 정의로써 아프리카의 사상을 재단하고 규정하는 일은 이단적이다.
대륙의 구전 규범을 해석학적으로 접근해 아프리카 철학을 발견할 수 있다.

고대 이집트, 에티오피아, 이슬람의 문헌을 제외한 아프리카의 인식론은 기록보다 속담, 의례 문헌, 서사시, 음악 전통, 창조 신화, 생활사, 역사 서술, 암송에 남겨져 있으므로, 이 자료를 연구함으로써 철학 사상을 발견할 수가 있다. 이러한 방식을 통해 요루바의 구전 장르가 어떻게 철학으로서 자격을 획득할 수 있는지 설명했다. 특히 '이파 점술(corpus of Ifá)'을 해석해 지혜, 정의, 시간, 인력, 운명, 민주주의, 여성혐오, 인권 등 요루바 철학의 핵심 주제를 발견해냈다. 이파 점술은 256명의 인물로 구성된 일종의 풍수지리적 체계로, 수천 개의 절로 이루어져 있다. 이제는 대부분 문헌으로 존재하며, 전통 요루바 철학자인 바발라워(babalawo, 심원한 지식의 아버지)에 의해 수천 년의 기억을 저장하고 있다.

올루월레는 통찰력과 호기로 대담한 사상가가 되었다. 오래 지나지 않아 라고스대학교에서 철학 강의를 열게 되었는데, 좌석을 모두 채울 만큼 인기가 높았다. 반페미니스트적인 사회에서 당당하게 페미니스트로 살아가는 그녀가 이렇듯 인기 높다는 것은 그만큼 매력적이고 지혜롭다는 반증이다. 박사 졸업 후 11년 동안《아프리카 철학 읽기(Readings in African Philosophy)》(1989),《마녀사냥, 환생, 신성(Witchcraft, Reincarnation and the God-Head)》(1992),《요루바

Sophie Bosede Oluwole

철학 전통에서의 여성다움(Womanhood in Yoruba Traditional Thought)》(1993), 《민주주의의 양식과 패러다임: 나이지리아 여성의 경험(Democratic Patterns and Paradigms: Nigerian Women's Experience)》(1996), 《철학과 구전(Philosophy and Oral Tradition)》(1997) 등 다섯 권의 책을 출간했다. 그녀는 평생 수많은 책을 저술하고 편집한 다작가였다.

마지막 책 《소크라테스와 오룬밀라: 고전 철학의 두 수호자(Socrates and Orunmila: Two Patrons of Classical Philosophy)》 (2015)에서는 서양 철학을 낳은 소크라테스와 이파 점술을 창조한 오룬밀라(Orunmila)를 비교했다. 자신의 저작을 하나도 남기지 않은 소크라테스가 서양 철학의 아버지라면, 소크라테스보다 앞서 등장한 오룬밀라는 왜 아프리카 철학의 아버지가 될 수 없는가? 소크라테스는 자신의 사상을 기록하지 않고도 그리스 철학의 대변혁을 일으켰고, 오룬밀라의 말도 제자들이 구전으로 전승했다. 이 같은 유사점 외에도 두 인물의 통찰력이 얼마나 유사한지 밝혀내기 위해 올루웰레는 다양하고 정교한 접근법을 활용했다.

소크라테스는 '반성하지 않는 삶은 살 가치가 없다'고 말했고, 오룬밀라는 '잠언은 분석을 위한 개념적 도구다'라고 말했다.

플라톤에 따르면 소크라테스는 '최고의 진리는 영원불멸한 진리다'라고 말했고, 오룬밀라는 '진리는 변할 수 없는 말씀이다'라고 말했다.

소크라테스는 '신(神)만이 유일하게 지혜롭다'고 말했고, 오룬밀라도 인간의 지혜가 가진 한계를 지적하면서 '아무리 많은 것을 아는 사람도 이 세상 모래알의 개수는 셀 수 없다'고 말했다.

서양 철학 못지않게 요루바 전통에서 풍성하고 다채로운 지식을 찾아낸 올루웰레는 서아프리카의 철학 유산을 되찾아야 한다고 촉구했다. 독일의 철학교수 하인츠 킴멀레(Heinz Kimmerle)는 이 책의 서평을 다음과 같이 남겼다.

올루웰레는 소크라테스와 오룬밀라에 관한 폭넓은 연구를 통해 두 사람의 삶과 사상이 놀랍도록 유사하다는 점을 밝혀냈다.

하지만 모든 사람이 이에 동의한 것은 아니다. 예상대로 많은 동료 철학자들이 반박해왔다. '이파 점술이 철학이라

Sophie Bosede Oluwole

는 올루웰레의 주장은 당황스럽고 터무니없다'고 논평한 교수도 있었다. 그러나 올루웰레는 '이파 점술과 바발라워는 소크라테스와 마찬가지로 좁은 상아탑의 철학자가 아니라 오히려 민중의 철학자였다'고 응수했다.

올루웰레도 마찬가지로 학계뿐만 아니라 대중에게 널리 알려진 철학자였다. 나는 그 증거를 우연찮게 발견했다. 2018년 12월 23일 아침, 바로 이 글을 쓰고 있던 워드 파일을 닫고 내 트위터 창을 열었다. 거기서 83세인 올루웰레 교수의 부고 소식을 보고난 후 마음이 혼란스러웠다. 내가 당시 큰 관심을 가졌던 쾌활하고도 현명하고 도발적인 유산을 남긴 누군가가 죽을 수도 있다는 사실이 믿기지 않았다.

물론 죽음은 논쟁의 여지가 없다. 감사하게도 그녀가 남긴 유산도 논쟁의 여지가 없다. 나이지리아의 언론에서 모의 물결이 넘쳐나는 것을 보면서, 내가 지금 글로 쓰고 있는 철학 사상의 영향력은 의심할 여지없이 분명해졌다. 올루웰레는 좋은 철학은 어떠해야 하는지 잘 보여주었다. 그녀가 보여준 좋은 철학이란 현재의 상황에 도전하고, 무지를 종식시키기 위해 노력하고, 일반 대중에게 무엇을 진실로 받아들일지 생각할 기회를 제공하는 철학이었다.

1948년 데이비스의 가족은 흑인 최초로 백인 거주 구역으로 이사했다. 그 뒤로 다른 흑인 가족들도 이사를 왔고 이곳은 곧 '다이너마이트 힐(Dynamite Hill)'이라고 불리게 되었다. 데이비스는 훗날 '어린 시절에 목격한 폭력 때문에 자기방어의 중요성을 깨달았고, 비이성적 폭력에 저항하려는 의지가 자라났다'고 회고한다.

앤절라 데이비스

Angela Davis

미국, 1944~

애니타 L. 앨런(Anita L. Allen) 글

앤절라 데이비스

앤절라 Y. 데이비스는 미국 앨라배마주 버밍엄에서 태어났다. 당시 아프리카계 미국인은 여전히 주(州) 법에 따라 인종차별을 받았다. 교육, 주택, 공공시설, 경찰의 보호, 투표 등 백인이 누리던 시민권을 흑인은 보장받지 못했다. 이때만 해도 미국 남부의 대부분 흑인 여성은 농장의 일꾼이나 가정부가 되길 바랐다.

앤절라 데이비스는 자신이 30대에 세계적으로 인정받는 시대의 아이콘이 되리라고는 상상도 하지 못했을 것이다. 그녀는 미국을 대표하는 활동가이자 페미니스트이자 철학자가 되었다. 데이비스는 미국의 '흑인권력운동(Black Power Movement)'의 상징적 인물이다. 부모를 통해, 학생 때 공산주의와 사회주의 이론을 통해, 그리고 흑인, 여성, 빈민을 위한 정치활동을 통해 미국 자본주의 권력의 전모를 밝히는 데에 평생을 보냈다. 소련과의 냉전과 베트남전쟁 기간을 포함해 오랫동안 공산당원으로 지냈는데, 이 시기에 미국은 스스로를 국제 공산주의의 적으로 규정했다.

1969년 캘리포니아주립대학교 이사회가 데이비스를 공산주의자라는 이유로 캘리포니아주립대학교 로스앤젤레스캠퍼스(UCLA) 교수직에서 해고하려고 했을 때, 그녀는 처음으로 미국 전역에서 관심을 얻게 되었다.

이듬해에 '지명 수배자' 포스터에 얼굴 사진이 실리면서 악명이 높아졌다. 세간의 이목을 끈 범인은 결국 투옥되고 말았다. 보안을 위해 앤절라 데이비스의 이름으로 구입한 총들이 그녀의 공모 없이 캘리포니아 마린카운티 법정 총격전에서 여러 명을 죽이는 데에 사용되었다. 데이비스의 출소를 요구하는 국제 캠페인이 벌어졌고, 결국 그녀는 배심원 재판에서 모든 혐의에 대해 무죄판결을 받은 뒤 석방되었다.

이 사건들과 그 여파를 둘러싼 정치활동만큼이나 중요하게도 인종차별반대, 양성평등, 교도소폐지운동 사이의 연관성을 이끌어냄으로써 학문적으로 자본주의를 비판하는 데에 공헌했다.

2017년 펜실베이니아주립대학교에서 열린 '흑인여성철

학자협회(Collegium of Black Women Philosophers)'는 비로소 앤절라 데이비스의 공적을 기렸다. 캘리포니아주립대학교 산타크루즈캠퍼스의 명예교수인 그녀는 정치적 논쟁의 피뢰침 역할을 하면서 미국 전역의 스포트라이트를 받았다.

2019년 이스라엘-팔레스타인 분쟁에 대한 견해를 발표하자, 인권상을 받을 예정이던 버밍엄인권연구소의 경축 행사가 돌연 취소되었다. 데이비스가 이스라엘에 맞서 불매운동, 투자 회수, 무역 제재 조치를 지지해왔기 때문이다.

데이비스가 철학적으로 명성을 얻은 길은 수많은 장애물이 가로막아 험난했다. 1940년대와 1950년대 앨라배마주 버밍엄에서 자란 아프리카계 미국인 소녀 앤절라 데이비스는 인종차별과 억압 때문에 인생의 목표를 낮게 잡을 수도 있었다. 하지만 그녀의 부모는 남달랐다.

1948년 데이비스의 가족은 흑인 최초로 백인 거주 구역으로 이사했다. 그 뒤로 다른 흑인 가족들도 이사 왔다. 그리고 머지않아 이곳은 '다이너마이트 힐(Dynamite Hill)'이라는 명칭으로 불리기 시작했다. 흑인들이 인종 계층 질서를 어지럽힌다는 이유로 얼마나 공격당했는지 알 수 있는 표현이다. 데이비스는 이 시기를 떠올리며 훗날 이렇게 회고했다.

어린 시절에 목격한 폭력 때문에 자기방어의 중요성을 깨달았고, 비이성적 폭력에 저항하려는 의지가 자라났다.

데이비스는 10대 시절 북부로 이사했다. 뉴욕시 사립학교인 엘리자베스어윈고등학교에 다니면서 《공산당 선언(Communist Manifesto)》을 읽었고, 공산주의 청년단체에 참여하면서 사회주의를 체계적으로 배우기 시작했다. 고등학교를 졸업한 뒤에는 전액 장학금을 받고 브랜다이스대학교에 다녔다. 대학교에 다니면서 데이비스는 시위에 참여했고 인종차별에 맞서 투쟁하는 제임스 볼드윈(James Arthur Baldwin)이나 맬컴 엑스(Malcolm X) 등 주요 사상가들의 강연에도 참석했다.

프랑스 문학을 전공했지만, 칼 마르크스(Karl Heinrich Marx)의 철학과 그를 둘러싼 여러 사상가들에게 관심을 가졌고, 마침내 철학을 공부하게 되었다. 대학교 4학년 때 지도했던 철학자 헤르베르트 마르쿠제(Herbert Marcuse)는 데이비스에게 서독 프랑크푸르트대학교 대학원에 진학해 계속 공부하기를 권했다.

데이비스는 대학원 공부를 위해 유럽으로 건너가는 것이 편했다. 예전에도 프랑스에서 교환학생으로 2학년을 보냈

Angela Davis

고, 1학년을 마치고 유럽에서 여름을 보내기도 했다. 데이비스는 외국에서 보내는 시간이 만족스러운 듯 보였지만, 자서전에는 이렇게 심경을 드러냈다.

고향에서 벌어지는 투쟁이 가속화될수록, 나는 이 모든 것을 간접적으로 경험할 수밖에 없는 것에 좌절감을 느꼈다. 학문과 철학에 대한 이해는 깊어졌지만 고립감은 더 커져만 갔다.

특히 고향에서 벌어진 충격적인 사건으로 그녀는 더욱 절망에 빠졌다. 1963년 9월 15일 일요일, 버밍엄에서 16번가 침례교회 폭파사건이 일어나 어린 시절 동네 흑인 친구인 캐럴 로버트슨(Carole Robertson), 신시아 웨슬리(Cynthia Wesley), 애디 메이 콜린스(Addie Mae Collins), 데니스 맥네어(Denise McNair)가 죽은 것이다.

데이비스는 프랑스에서 신문 지면을 통해 이 사건을 접하게 되었다. 자서전에서 그녀는 주변의 백인 친구들이 버밍엄에서 벌어진 폭력적인 비극을 제대로 이해하지 못했을 때, 얼마나 외로움을 느꼈는지 회상했다.

고향에서 들려오는 폭력 사건들은 데이비스에 깊은 인상

을 남겼다. 1972년 교도소에서 했던 인터뷰 때는 네 명의 친구가 죽임을 당한 폭발 사건뿐만 아니라 흑인 남성들이 자신의 가족을 지키기 위해 무장한 채 순찰을 돌던 기억을 되살리며 이렇게 말했다.

저는 누군가 폭력에 관해 물어볼 때면 그저 놀라울 뿐입니다. 그런 질문을 한다는 것 자체가 아프리카 해안에서 흑인이 최초로 납치되었을 때부터 현재 이 나라에서 흑인들이 어떤 일을 겪고 있는지 전혀 모른다는 뜻이기 때문입니다.

데이비스는 프랑크푸르트에서 머무르는 시간을 줄이고 캘리포니아 남부로 다시 건너갔다. 캘리포니아주립대학교 샌디에이고캠퍼스에서 멘토인 마르쿠제의 지도 아래 대학원 공부를 계속했다. 마르쿠제가 브랜다이스대학교에서 캘리포니아로 자리를 옮겼기 때문이었다. 데이비스는 샌디에이고에서 석사 학위를 받았고, 마침내 베를린의 훔볼트대학교에서 철학 박사 학위를 받았다.

그동안 데이비스는 정치적 급진주의자로 활약했다. 로스앤젤레스 학생비폭력조정위원회(SNCC), 웨스트사이드 로스앤젤레스 흑표범당(Black Panther Party), UC샌디에이고 흑인학생연합에서 중요한 역할을 담당했다. 데이비스는 인종차별적 폭력과 억압에 맞서 책임을 요구하는 수많은 집회와 시위활동을 조직하는 지도자가 되었다. 데이비스는 로스앤젤레스 SNCC의 자유학교를 운영했으며, 이곳에서 동료들과 함께 '오늘날 흑인운동의 발전'과 '공동체 조직의 기술' 등의 강좌를 열었다.

데이비스는 이러한 정치단체에 참여하면서 '나의 정치생활의 지속적인 문제'인 여성혐오와 성차별의 현실을 직면했다고 자서전에서 밝혔다. 그녀가 '남성의 일'을 하는 것에 대해 매우 심한 비난을 받았다고 한다. 정당한 권리를 가지고 지도자가 되기 위해 일하는 흑인 여성은 남성의 남성성을 위협한다. 이러한 역학 관계에도 불구하고 데이비스는 단념하지 않고 자신의 활동 분야에서 지도자로서 힘을 다져나갔다.

한편으로는 기존에 참여한 단체에 대한 불만 그리고 다른 한편으로는 공산주의에 대한 오랜 관심 때문에 1968년 7월 미국공산당의 지역 흑인 지부인 '체루뭄바클럽(Che-Lumumba Club)'에 가입했다.

같은 해 가을에는 UCLA에서 철학을 가르치기 시작했는데, 이때 또다시 스스로 공산주의자라고 인정한 것이 원인

이 되어 해고당했다.

이후 법정에서 공산주의자 고용을 금지하는 대학 규정이 위헌이라고 판결을 내려 복직되긴 했지만, 이후 또 다른 구실로써 기각되었다. 대학은 그녀가 강의실 밖에서 쏟아낸 발언을 문제 삼았다. 1970년 7월 2일 〈뉴욕타임스〉는 논평을 통해 그 결정을 맹비난했다.

이러한 조치로 말미암아 레이건(Ronald Wilson Reagan) 주지사의 명령을 수행하고 있는 이사회는 로스앤젤레스 캠퍼스 교수들만이 아니라 학문의 자유를 옹호하는 모든 사람과 충돌하게 될 것이다.

미국 전역의 언론이 이 사건을 다루면서 데이비스는 공인이 되어버렸고, 그 덕분에 신변도 위험해졌다. 언론의 관심은 그녀의 가족에게도 영향을 주었다. 버밍엄에 있는 부모가 주변 이웃에게 따돌림을 당한 것이다.

하지만 데이비스는 물러서지 않았다. 오히려 이 관심을 당시 만연했던 반공산주의 담론에 도전하는 기회로 이용했다. 그녀는 캘리포니아 남부의 가난한 흑인 사회에서도 아직 공산주의 철학이 악마화되지 않았다는 사실을 알게 되었다. 데이비스는 자신에게 공산주의에 대해 묻는 어떤 사람의 말을 회상했다.

그 남자는 항상 우리가 공산주의를 나쁜 것으로 믿게 만들려고 했어요. 그래서 공산주의에는 뭔가 좋은 게 있을 거라 확신했죠.

데이비스는 또 다른 사회정의 이슈에 이목을 끌기 위해 사건 한가운데서 자신이 발견한 새로운 플랫폼을 이용했다. 그녀는 교도관을 살해한 혐의로 기소된 세 명의 아프리카계 미국인 수감자, 일명 '솔레다드 형제(Soledad Brother)'를 옹호하는 단체의 중추를 담당했다. 이 사건에 관해 목소리를 높이기 위해 새로운 인기를 이용했다. 사실 그녀는 UCLA에서 최종적으로 해고 결정이 발표되었을 때, 이들의 석방을 요구하는 집회를 이끌고 있었다.

1970년 8월 조지 잭슨(George Jackson, 솔레다드 형제 중 한 명)의 형제 조너선 잭슨(Jonathan Jackson)은 형을 석방하기 위해 법정에서 인질을 잡았다. 그러나 판사와 다른 두 명이 사망하고 본인도 죽고 말았다. 데이비스는 사건 현장에 없었고 범죄에 연루된 사실이 없다고 부인했지만, 현장에 있던 권총은 법적으로 데이비스의 소유물이었다. 그날 조너선의 행동을 유죄로 만들게 될 캘리포니아의 법 조항에 따라 그녀도 납치와 살인 혐의로 기소되었다. 데이비스는 달아났지만 결국 붙잡혔다. 그녀는 자신의 결백을 외치며 저항했고, 전 세계에서 앤절라 데이비스의 석방을 요구하는 운동이 벌어졌다.

그녀는 교도소에서 미국 정치범의 특성에 관한 글을 집필했으며, 다른 사람들의 교도소 비평을 실은 책을 출간했다. 제임스 볼드윈은 교도소에 있는 데이비스에게 〈만약 그들이 아침에 온다면: 저항의 목소리(If They Come in the Morning: Voices of Resistance)〉(1971)라는 제목의 편지를 보냈다. 이 편지는 데이비스를 지지하는 사람들을 집결시키고 교도소 시스템의 부당성을 널리 알리는 데에 도움이 되었다. 데이비스는 재판에서 백인 배심원들에 의해 무죄판결을 받았다.

무죄 선고를 받은 뒤 그녀는 대학교수가 되었고, 인종, 계급, 젠더에 관한 억압문제에 대해 계속해서 목소리를 높였다. 데이비스의 책 《여성, 인종, 계급(Women, Race and Class)》(1981)은 흑인 여성(과 남성)의 전통적 반페미니즘 및 페미니즘 담론에 도전하는 페미니즘의 고전이 되었다.

또한 '범산복합체(犯産複合體, prison-industrial complex)'에 지속적으로 반대했고 교도소 폐지를 주장했으며, 이를 위해 《교도소는 구식인가?(Are Prisons Obsolete?)》(2003)라는 책을 펴내기도 했다.

이러한 주제를 비롯해 더 넓게는 억압에서 벗어나는 자유의 본질을 《여성, 문화, 정치(Women, Culture & Politics)》(1989), 《자유의 의미, 그리고 다른 어려운 대화들(The Meaning of Freedom, And Other Difficult Dialogues)》(2012), 그리고 가장 최근에 나온 책 《자유는 끊임없는 투쟁이다: 퍼거슨, 팔레스타인, 그리고 운동의 기반(Freedom is a Constant Struggle: Ferguson, Palestine, and the Foundations of a Movement)》(2016)에서 다루고 있다.

데이비스는 젠더, 인종, 수감 제도 연구에 관한 기존 대학 교육의 평화로운 주류를 깨고 거침없는 주장으로 논란을 일으켰다. 2019년 1월 버밍엄인권연구소에서 연례 경축 행사에 그녀를 초대하지 않기로 결정했다는 뉴스가 나왔다 (인권운동가 프레드 셔틀스워스(Fred Shuttlesworth) 목사의 이름을 딴 인권상도 수여하지 않기로 했다).

앤젤라 데이비스는 성명서를 통해 '이 결정은 오랫동안 팔레스타인의 정당성을 지지한 결과'라고 설명하고, 어떠

한 일이 생기더라도 반드시 버밍엄인권연구소로 돌아가겠
다며 다음과 같이 밝혔다.

버밍엄인권연구소의 유감스러운 결정에도 불구하고, 나는
우리 주변에 존재하는 부당성에 대해 활발하게 토론해야
한다고 믿는 사람들이 2월에 버밍엄에서 주최할 다른 행사
를 기대하고 있다.

결국 1월 말, 버밍엄인권연구소는 방향을 변경하고 초청
장을 다시 찍었다.

미국에서 아프리카 출신 전문 여성 철학자 수는 여전히
적다. 어쩌면 앤절라 데이비스는 철학 박사 학위를 받은 거
의 최초의 흑인 여성일지도 모른다. 조이스 미첼 쿡(Joice
Mitchell Cook)과 나오미 잭(Naomi Zack)도 1960년대에야 박
사 학위를 받았다. 1970년대와 1980년대 철학 박사 학위를
받은 흑인 여성도 손에 꼽을 정도다. 데이비스는 내가 대학
에서 마르쿠제, 사르트르, 마르크스를 읽었을 때 유일하게
들어본 흑인 여성 철학자였다.

나는 1974년에 철학 박사 과정을 시작했다. 그리고 2017
년 11월에 미국철학협회 동부지부 회장으로 취임한 직후,

흑인여성철학자협회의 제10차 연례회에서 앤절라 데이비스를 직접 만나는 행운을 얻었다. 열여섯 살 때부터 나에게 영감을 준 아름답고 정의로우며 지성적인 사람을 처음 만났을 때 어떻게 해야 할지 몰랐다. 실제로 만나 보니 아주 따뜻하고 품위 있는 사람이었다. 관대한 그녀는 단상 위에서 나의 대단치 않은 업적을 공적으로 인정해주었다.

나는 대학생인 내 딸을 포함해 방 안에 있는 추종자들을 바라보면서 앤절라 데이비스가 나만을 위한 유일한 사람이 아니며, 앞으로도 그럴 것이라는 확신이 들었다.

일반적으로는 타인이 나에게 나쁜 행동을 할 때, 나는 '도덕적인 잘못으로 고통받는다'고 생각한다. 부당한 법이나 정책의 희생자가 되었을 때는 '나쁜 일을 당했다'고 말할 수 있다.

하지만 영이 지적했듯이 일반화된 규범과 규칙에 따라 행동함으로써 만들어진 '부당한 사회구조' 때문에 위험해진 것이다.

아이리스 메리언 영

Iris Marion Young

미국, 1949~2006

데지레 림(Désirée Lim) 글

아이리스 메리언 영

아이리스 메리언 영에 관해 알아야 할 몇 가지 중요한 점이 있다.

먼저 눈에 띄는 이력이다. 1949년 뉴욕시에서 태어난 영(Young)은 펜실베이니아주립대학교에서 스물다섯 살에 박사 학위를 취득했다. 이후로 그녀는 많은 결실을 맺었다. 2000년 시카고대학교에서 정치학교수로 자리 잡기 전까지 페미니즘, 민주주의, 정의 이론에 관한 대단한 통찰력을 보이며 세계적으로 중요한 페미니즘 사상가로 이름을 알렸다.

영은 정치활동가로도 열정을 보였다. 이론과 실천은 나눌 수 없는 관계였다. 첫 번째 저서인 《차이의 정치와 정의 (Justice and the Politics of Difference)》(1990)에서는 지나치게 추상적이어서 실제 제도나 활동을 평가하는 데에 쓸모없는 이론을 배제했다. 사람들은 구체적인 현실 속에 자신의 사상을 적용한 노력에 박수를 보냈다. 이론가들은 구체적인 정치 현실의 혼란과 투쟁에서 벗어날 수 있는 형편이 아니었다. 아이리스 영의 저서 《포용과 민주주의(Inclusion and Democracy)》(2000)는 추운 겨울날 피츠버그에서 주민투표청원을 위해 서명을 구한 불편한 경험을 이야기하며 시작한다. 연대와 공동 행동의 중요성을 잘 아는 그녀는 여권신장운동을 비롯해 시민평등권운동, 반전운동, 아프리카 채무구제운동, 노동권운동, 반핵운동 등 다양한 풀뿌리 정치활동에 참여했다.

아이리스 영은 유명한 철학자이자 열정적인 활동가 외에도 또 다른 모습도 있었다. 재즈를 사랑하는 사람이었다. 시카고에 있는 바에 자주 들렀고 대학교수 동아리에서 재즈피아노를 연주했다. 또 딸 모건(Morgen Alexander-Young)이 태어났을 때는 기쁜 마음으로 동료들에게 편지를 보냈다.

또 다른 사회주의 페미니스트가 세상에 태어났다!

이와 관련된 어린 시절 이야기가 하나 있다. 아이리스 영은 열한 살 때 남매들과 함께 소년원에 끌려간 적이 있었다. 그녀의 어머니는 남편이 뇌종양으로 갑자기 숨지자 엄청난 충격에 빠졌다. 얼마 지나지 않아 어머니는 술에 취해서 집을 엉망으로 만들었다는 이유로 아동방임 혐의를 받아 감옥에 끌려갔다. 영의 어머니가 처음으로 체포된 사건이었는데, 안타깝게도 이번이 끝은 아니었다. 집 안에 종이들이 널브러져 있고 먼지가 쌓이고 맥주 캔이 있다는 이유로 곧바로 다시 감옥에 잡혀갔다. 아이리스 영은 수양 가족에게 보내졌지만 수양아버지도 곧 세상을 떠났다. 국가는 그녀의 수양 가족이 아동에게는 '나쁜 환경'이라 간주하고 어머니와 다시 만나게 했다.

영은 이 사건을 모조리 기억한다. 자신의 논문 〈집과 가정: 어떤 주제에 대한 페미니스트적 변주(House and Home: Feminist Variations on a Theme)〉에서 가부장제하의 여성들과 '가정'의 관계를 되돌아본다. 여기서 영은 뤼스 이리가레(Luce Irigaray)와 시몬 드 보부아르 같은 다른 페미니스트들이 '가정'은 여성을 억압하는 원천으로 기능할 수 있다는 주장에 동의한다. 결국 그녀의 어머니도 일상적인 집안일을 책임져야 하는 가정주부로서 역할이 제한되어 있었다.

사람들은 어머니가 자신의 인생을 자유롭게 개척하기보다 남편과 자식들을 뒷바라지하며 요리, 청소, 빨래, 수선 등의 집안일을 해야 한다고 생각했다. 영의 어머니가 감옥에 갇히고 자녀들과 분리된 사건은 감히 이 같은 사회적 기대를 저버린 여성들에게 얼마나 가혹한 벌을 가하는지 잘 보여준다.

그런데 나는 영의 어린 시절을 돌아보면서 다른 생각을 가졌다. 우선 철학자는 흔히 어린 시절에 특권을 가진다는 기존의 고정관념이 깨진다. 우리가 보통 생각하는 철학자는 어릴 때부터 천재적 기질을 가진 부유한 백인 남성이고, 고된 노동이나 가난 때문에 학문을 중단한 적도 없고, 더군다나 소년원에 끌려가는 일도 없다.

더욱 중요한 것이 있다. 나는 어린 시절의 고통이 그녀의 지적 성장에 장애물이 되지는 않았으리라 생각한다. 오히려 위에서 이야기한 사건들이 깊은 철학적 질문을 던지는 계기가 되었을 것이다. 카르스텐 J. 스트룰(Karsten J. Struhl)이 쓴 〈아이리스 영에게 보내는 편지(Letter to Iris Young)〉 (2009)에서도 이런 가능성을 엿볼 수 있다.

우리는 정답을 알지는 못하지만, 아이리스 영이 남긴 글을 통해 그녀가 어떤 사람인지 생각해볼 수 있다.

물론 그녀의 주요 철학 이론은 평생 겪은 다양한 경험에서 영감을 얻었겠지만, 나는 어린 시절의 비극을 재탐색하는 것이 그녀의 철학을 온전히 이해하는 데에 도움이 된다고 생각한다. 따라서 그녀가 철학자로서 남긴 주요 업적을 어린 시절 이야기와 결부시키는 것은 충분히 가치 있는 일이다.

영은 《차이의 정치와 정의》에서 사회정의를 이야기하면서 개개인 사이의 사회적 관계의 중요성을 강조한다. 물질적 불평등이나 박탈뿐 아니라 또 다른 근본적 불평등의 근원인 '억압'과 '지배'가 있다고 주장한다. 아이리스 영이 생각하는 '억압'은 자기 발전을 방해하는 제도적 제약이었다.

사람들은 사회적으로 인정받는 환경에서 만족스럽고 다양한 기술을 배우고 활용하지 못하는 환경에서 억압을 경험한다. 타인과 어떤 활동이나 의사소통을 하지 못하게 제약하거나 타인에게 자신의 감정이나 생각을 표현하지 못하도록 막을 때도 억압을 경험한다. 반면 '지배'는 자기 결정을 방해하는 제도적 제약이다. 타인이 우리의 행위를 결정할 권력을 가지고 있다면 우리는 '지배'의 구조 속에서 살아가는 것이다.

왜 우리는 불평등에 대한 이해의 폭을 넓혀야 할까? 영의 어머니는 자녀들이 깔끔하지 못하다는 이유로 심한 불평등을 겪어야 했다. 이런 불평등은 물질적인 박탈에서 비롯된 것이 아니다.

논문 〈집과 가정〉에서 아이리스 영은 보험금과 사회보장비 때문에 가난하지는 않았으며, 그냥 지저분했을 뿐이라고 말한다. 어머니는 그저 주변 사람들에 의해 사회적으로 '억압'당하고 '지배'당한 것처럼 보인다. 3개 국어 구사 능력과 석사 학위는 인정받지 못했고, 그저 가정을 얼마나 잘 돌보는지가 판단 기준이었다.

게다가 남편의 죽음 이후 아이리스의 어머니는 자신의 고민을 이웃이나 경찰, 아동복지사에게 토로할 수도 없었다. 정서적 지지를 요청하고 싶었을 수도 있었고, 혼란 속에서도 아이들을 잘 보살피고 있다고 설명하고 싶었을 수도 있었다. 다시 말해 가부장적인 사회 환경이 자기 발전과 자기표현의 기회를 박탈한 것이다. 더군다나 영의 남매는 일방적으로 수양 가족에게 넘겨져야 했다. 당시 영의 어머니는 자녀들이 가야 할 곳에 대한 발언권마저 행사할 수 없었던 것으로 보인다. 이처럼 영이 제시한 '불평등'이라는 사회 모델은 부모-자녀의 분리가 무엇이 잘못되었는지 이해하는 데에 도움을 준다.

이후 영은 자신이 '구조적 불평등'에 관심을 갖게 되었다. 그녀의 사후에 출간된 마지막 저서 《정의를 위한 책임 (Responsibility for Justice)》(2011)에는 '샌디'라는 가상의 인물이 등장한다. 미혼모 샌디는 살고 있던 아파트에서 쫓겨나 열심히 월세 집을 찾고 있다. 저렴하고 시설도 괜찮고 안전한 아파트는 직장에서 너무 멀어서, 예상하고 있는 월세의 일부를 자동차 구입비로 써야 한다. 게다가 주택보조금을 신청했는데 대기 기간이 무려 2년이라고 한다. 어쩔 수 없이 자신이 바랐던 것보다 작은 집을 선택해야 했다. 이 과정에서 마지막 난관에 부딪힌다. 3개월 치 월세를 보증금으로 선납해야 하는데, 이것이 전형적인 임대 방침이라고 한다. 하지만 자동차 구매에 저축해둔 돈을 모두 써버리는 바람에 집으로 들어가지도 못하고 거리에 나앉게 생겼다. 영은 말한다.

미국에서는 수십 만 명이 이런 악순환을 되풀이하고 있다. 샌디에게 일어난 일이 단지 운이 없거나 불편한 것이 아니라, 도덕적으로 잘못된 것이다.

샌디가 불리한 위치에 있는 것은 부당한 일이다. 이를 이해하기 위해 영은 무엇이 잘못인지에 대한 우리의 생각 자체를 근본적으로 수정해야 한다고 생각했다.

일반적으로는 타인이 나에게 나쁜 행동을 할 때, 나는 '도덕적인 잘못으로 고통받는다'고 생각한다. 샌디를 예로 들자면, 집주인에게 돈을 빼앗겨 노숙자가 되는 경우가 이에 해당한다. 또는 특별히 부당한 법이나 정책의 희생자가 되었을 때는 '나쁜 일을 당했다'고 말할 수 있다. 하지만 영이 지적했듯이 샌디가 만나는 모든 사람(집주인이나 부동산 중개인 등)은 그녀를 친절하게 대했고, 그녀가 특별히 부당한 법 때문에 노숙자가 될 위기에 처한 것도 아니었다. 그저 개개인이 일반화된 규범과 규칙에 따라 행동함으로써 만들어진 '부당한 사회구조' 때문에 위험해진 것이다.

아무도 샌디에게 나쁜 짓을 하지 않았고 샌디를 거리에 나앉게 만들지도 않았지만, 사람들의 행동 전체가 만들어 낸 사회구조가 그녀의 주택 구매에 심각한 영향을 미쳤다. 다시 말해 샌디 자신과 아이들을 위한 집을 선택하는 데에 분명하게 제약을 가하고 있는 것이다. 영은 다시 한 번 강력하게 주장한다.

우리가 개혁해야 할 대상은 어느 특정 개인이나 정책이 아니라 사회구조 전체다.

Iris Marion Young

의도적인 연결은 아니겠지만, 샌디의 경우는 영의 어머니에게 일어났던 일과 상당히 유사하다. 샌디의 경우처럼 개개인이 정해진 규칙과 규범을 따른 결과 생긴 심각한 구조적 불평등 때문에 영의 어머니도 자녀들과 생이별하는 고통을 당해야 했다. 경찰과 아동복지사는 자신의 업무에 충실했을 뿐이고, 이웃들은 어머니의 행동을 당시에 만연했던 여성에 대한 기대치에 따라 평가했을 뿐이다. 아이리스 영은 이러한 사례들을 논의함으로써 사회구조를 바꾸는 것만이 아니라 무심코 지나치는 일상의 행동과 사회 환경을 비판적으로 바라보는 것이 얼마나 중요한지 강조했다.

2006년 영은 식도암으로 갑작스레 세상을 떠났다. 그녀는 죽기 전까지도 열심히 강연과 컨퍼런스에 참석했다. 영은 어떻게 철학이 인생의 경험을 반영할 수 있는지, 그리고 일상의 투쟁에 참여함으로써 철학이 얼마나 풍성해지는지를 잘 보여준다. 우리도 그녀를 본받는다면 충분히 훌륭한 철학자가 될 것이다.

앨런에게 최초라는 수식어는 낯설지 않다. 철학 박사 학위와 법학 박사 학위를 모두 취득한 최초의 아프리카계 미국인 여성, 미국철학회(APA) 동부 지역 회장, 전미의학한림원(NAM) 회장을 역임한 최초의 흑인 여성, 그리고 사생활 철학의 선구자. 그녀는 오늘날 사생활 철학 연구를 최초로 시도하는 동시에, 미래 여성 철학자들을 위한 기반을 닦고 있다.

애니타 L. 앨런

Anita L. Allen

미국, 1953~

일한 다히르(Ilhan Dahir) 글

애니타 L. 앨런

애니타 앨런에게 고향이 어디인지 물으면 두 가지 답이 돌아온다. 하나는 '워싱턴주 포트 워든'이고, 또 하나는 조지아주 포트베닝에 정착하기 전에 살았던 하와이의 '스콜필드 배럭스'다. 2017년 코스털캘리포니아대학교의 철학교수 클리퍼드 소시스(Clifford Sosis)와 인터뷰에서는 이렇게 말했다.

> 스콜필드 배럭스는 부모님의 묘가 있는 곳이에요. 저는 그곳에 애정이 있어요.

한 사람이 고향이라고 부를 수 있는 곳이 많다는 점, 한 번에 여러 장소에 친숙함을 느끼는 능력에 주목해야 한다. 그것은 애니타 앨런의 폭넓은 학문 세계에 스며든 일종의 인식이다. 학문 세계에 기여할 특별한 능력뿐만 아니라 현시대의 법과 윤리를 예리하고도 새롭게 관찰하기 위해 충분히 폭넓게 바라보는 능력이 있는 것이다.

애니타 앨런은 학문 분야에서 선구적인 작업을 한 것으로도 유명하다. 최근 펜실베이니아대학교(UPenn) 로스쿨의 법학 및 정치학 교수가 된 그녀는 철학 분과에서 '사생활(privacy)'이라는 하위 분야를 창조해낸 가장 유명한 인물로 몇 가지 중요한 저서를 남겼다. 현대 철학에서 앨런의 영향력을 언급하지 않고는 '사생활'에 관해 온전히 논의할 수 없다는 말은 과장이 아니다. 그녀의 저서 중 《불편한 접근: 자유로운 사회에서의 여성의 사생활(Uneasy Access: Privacy for Women in a Free Society)》(1988)》은 미국 철학자가 사생활을 주제로 쓴 최초의 논문이다. 《사생활보호법과 사회(Privacy Law and Society)》(2007)는 미국에서 사생활과 개인 정보 보호법을 다룬 가장 종합적인 교과서로 알려져 있다. 이 책이 다루는 범위는 타의 추종을 불허한다.

앨런의 학문을 다루는 이번 장에서는 그녀의 연구가 우리 자신에게 묻는 질문에 얼마나 큰 영향을 미쳤는지 알아볼 뿐만 아니라, 답을 찾지 못한 질문에 대답하기 위해 얼마나 기여했는지를 알아볼 것이다.

Anita L. Allen

모든 인간은 세 가지 삶을 사는데, 그것은 공적인 삶, 사적인 삶, 은밀한 삶이다.

가브리엘 가르시아 마르케스(Gabriel García Márquez)의 이 말에 따르면, 사생활에 관한 문제는 직접적이고 개인적이다. 인간의 모든 상호작용에서 작동하지만 대부분 이름이 알려져 있지 않은 이 세 가지 '삶의 개념'은 인생 경험의 어느 한 측면을 탐구할 때 중요하게 활용된다. 이처럼 자아를 구분하는 것은 대중으로부터 자신의 일부를 숨기거나 세상을 위해 어떤 정체성을 유지하는 것처럼 일상생활에서는 필수적이지만, 디지털 시대에는 새로운 윤리적 질문이 제기된다. 우리는 얼마나 자신의 삶을 공적인 삶, 사적인 삶, 은밀한 삶이라는 세 가지 차원으로 구축하고 있는가? 또한 이러한 자기 구축에 관해 어느 정도 소유권을 가지고 있는가? 소셜미디어, 기술의 진보, 스마트폰 애플리케이션, 인터넷 활용 등으로 세계가 점점 더 긴밀하게 연결되면서 진정한 사생활을 유지하는 능력이 약해지는 듯 보인다.

사생활에 대한 권리는 거의 사라지기 직전이다.

애니타 L. 앨런

그녀가 아스펜연구소 강연에서 한 이 발언은 사생활의 미래를 비관적으로 바라본 것이 아니라, 오히려 현 상태를 명확하게 평가한 것이었다. 즉 오늘날 위태롭게 보이는 사생활에 대한 이 권리가 사실은 인간다움에서 매우 중대한 개념이라는 주장이다. 또한 앨런은 《인기 없는 사생활: 우리는 무엇을 숨겨야 하는가?(Unpopular Privacy: What Must We Hide?)》(2011)》라는 책에서 이렇듯 대담하게 주장했다.

현대사회에서 사생활은 중요하지만 무시되고 있으므로, 민주국가들은 별 관심 없는 수혜자들의 이익을 위해 가부장적인 사생활보호법을 제정하는 등 구제 임무를 수행하는 일은 당연할 수 있다.

앨런은 단순히 우리 일상에서 사생활의 역할을 설명하는 데에 그치지 않고, 사람들이 어떤 사생활을 보호하려고 하는지, 그들은 어떤 사생활을 무시하는지, 이 권리를 지키는 좋은 구조의 기능은 무엇인지 끊임없이 질문을 던진다.

오늘날 사생활이라는 이슈가 널리 논의되고 있는 것처럼, 사생활에 대한 권리는 하나의 교리처럼 보호를 받는 개념은 아니다. 실제로 우리가 아는 '사생활에 대한 권리'는

Anita L. Allen

1890년 〈하버드법학리뷰(Harvard Law Review)〉에 실린 루이스 브랜다이스(Louis Dembitz Brandeis)와 새뮤얼 D. 워런(Samuel Dennis Warren)의 논문에서 처음 등장했다.

사생활에 대한 권리가 미국 권리장전에 공식적으로 언급되지는 않았지만, 충분히 주장할 수 있다.

이것은 사생활 연구의 전환점을 제공했고, 해리 칼벤 주니어(Harry Kalven Jr., 20세기에 대단히 영향력 있는 법학자 중 한 사람)는 '가장 영향력 있는 법학 비평 논문'이라고 일컬었다. 워런과 브랜다이스의 주장은 불분명한 용어인 '사생활'의 의미가 무엇인지 정리하는 최초의 시도였고, 자주 바뀌는 용어의 경계를 정의하려는 노력이기도 했다. 불법행위에 관한 법 분야의 중진 학자인 윌리엄 로이드 프로서(William Lloyd Prosser)는 '이렇게 단순화하면 요점에서 벗어날 수 있다'고 지적하면서, 대신 사생활에 관해 네 가지 불법행위(법적 책임으로 이어지는 부당한 행위)를 정리했다.

첫째, 피고의 이익을 위해 원고의 신분을 도용하는 것
둘째, 대중이 원고를 오해하게 만드는 것

셋째, 원고에 관한 개인적 사실들을 대중에게 공개하는 것

넷째, 원고의 고독(孤獨)을 부당하게 침해하는 것

이 네 가지 원칙은 '혼자 있을 권리'라는 개념으로 느슨하게 통합될 수 있다. 하지만 앨런이 《불편한 접근》을 집필할 때 영감을 준 것은 바로 앨런 웨스틴(Alan F. Westin)의 《사생활과 자유(Privacy and Freedom)》(1967)와 1980년 〈예일법학저널(Yale Law Journal)〉에 실린 루스 개비슨(Ruth Gavison)의 논문이었다. 《불편한 접근》은 전문 철학자가 사생활을 심도 있게 분석한 연구 결과물로 여겨졌을 뿐 아니라, 애니타 앨런이 철학이라는 학문 분야에서 사생활이라는 새로운 하위 분야를 만들어내는 무대가 되었다. 또 이 책은 사생활의 의미와 역할을 탐구하면서 동료들이 놓쳤던 공공 정책적 접근법도 포함했다.

인문학에도 관심이 많았던 앨런은 새러소타의 작은 인문 대학교인 뉴칼리지에서 학업을 시작했다. 바로 이 뉴칼리지에서 최초의 멘토인 미국 실용주의 철학자 B. 그레셤 라일리(B. Gresham Reilly), 대륙 철학교수 더그 베르그렌(Doug Berggren), 분석 철학자 브라이언 노턴(Bryan Norton)을 만났다. 노턴은 그녀에게 루돌프 카르나프(Rudolf Carnap)를 소

개해주었는데, 그는 앨런이 '형이상학의 배제'를 주제로 학부 졸업논문을 쓸 때 영감을 준 철학자이기도 했다. 앨런은 노턴의 조언에 따라 박사 학위 취득을 결심했다. 미시간대학교 철학과에서 박사 과정을 마치고 포드 장학금을 받았다. 앤아버에 도착한 이후로는 지적 호기심과 학문적 성취가 뛰어나고 학생들 사이에서도 탁월한 리더십을 발휘해 대학원생 대표로 선출되었다. 열심히 공부하는 동시에 성차별과 인종차별에도 불구하고 찾아오는 모든 기회를 활용했다. 성차별과 인종차별은 교수로 일하는 직장 사회에서도 마주해야 했다. 어쨌든 2017년 클리퍼드 소시스와의 인터뷰에서 말했던 대로 그녀는 '모든 것을 최대한 활용했고' 카네기멜론대학교에서 교육자로 일하기 시작했다.

현대에 사생활보호법와 사생활 윤리, 법철학이 엄청나게 성장하면서 앨런만의 독특한 접근법도 오랫동안 주목받았다. 새로운 기술 등장, 인터넷을 통한 사회 영역 확장, 국가 감시 능력 확대와 함께 사생활 논의는 해가 갈수록 복잡해지고 있다. 앨런의 책《인기 없는 사생활》은 통신 기술이 사생활을 침해하는 것에 대해 도덕적으로 무엇을 고려해야 하는지 분석한다. 그녀의 주요 저서《불편한 접근》은 사생활이라는 개념의 다면성을 깊이 연구할 수 있는 초석을 마련했다. 특히 1960년대 페미니즘 사상가들이 소개한 사적인 영역과 공적인 영역의 구분에 초점을 두고 있다. 사생활 연구는 특별히 법이나 윤리와 함께 이해될 때 많은 발전을 이루었다. 앨런이 전공한 법철학은 사생활보호법, 생명윤리, 사생활 철학 등 다양한 분야를 발전시키는 데에 큰 역할을 맡았다. 기술 발전이 개인 정보 보호에 대한 의식보다 훨씬 앞서는 세상에서, 사생활은 기술과 떼려야 뗄 수 없는 문제가 되고 있다. 어떻게 해야 사회는 기술 향상을 장려하면서도 건강하게 인간의 권리를 보호할 수 있을까? 앨런은 2013년 논문 〈개인 정보를 보호하기 위한 윤리적 의무〉에서 이 불분명한 영역을 세상에 끄집어냈다. 이 논문에서 단순한 개인 정보 보호에서 개개인이 자신의 사생활을 보호할 '책임'이나 '의무'가 있는지에 관한 더 어려운 도덕적 문제로 논의를 밀고 나갔다. 이처럼 사생활보호는 시민들의 자기 존중에서 비롯된 행위이자 의무다.

사생활보호는 윤리적 · 정치적 · 사회적 고려 사항을 모두 담고 있는 문제다.

그녀의 연구는 학계에서 반향을 불러일으켰고, 동시에

Anita L. Allen

다른 분야에서도 전문가이자 최고의 사상가로 자리매김했다. 2010년 미국 오바마 정부의 '대통령 직속 생명윤리연구위원회' 위원장으로 임명되면서 업적을 인정받았다. 이 위원회는 오바마 정부가 생명윤리문제에 관한 자문을 구하기 위해 세운 기관이었다. 앨런은 이미 학계에서 인정을 받은 뛰어난 법학자이자 철학자였기에 생명윤리 분야에도 크게 기여할 수 있었다. 그녀에게 최초라는 수식어는 낯설지 않다. 철학 박사 학위와 법학 박사 학위를 모두 취득한 최초의 아프리카계 미국인 여성이고, 미국철학회(APA) 동부 지역 회장, 전미의학한림원(NAM) 회장을 역임한 최초의 흑인 여성이며, 사생활 철학의 선구자다. 오늘날 사생활 철학 연구를 최초로 시도하면서 미래 여성 철학자들을 위해 기반을 닦는 이중의 영광을 누렸다.

아스펜 연구소 강연에서 앨런은 말했다. "사생활에 대한 권리는 거의 사라지기 직전이다. …하지만 우리 손자손녀 세대가 다시 그 권리를 살려낼 것이다"라고. 언젠가 후세 사람들이 사생활과 함께 존재했던 '고독' '정신의 독립' '기밀'을 꿈꾼다면, 이를 위해 다시 앨런의 탁월한 학문을 소환할 것이라 믿는다. 이런 이유로 사생활의 미래와 그것을 부활시킬 사람들에 대해 희망을 갖고 있다.

알히브리는 미국 건국 사상과 이슬람교의 가치 사이에 수많은 유사점을 발견하면서, 미국의 법적 기반을 구축하는 데에 이슬람 법학을 차용한 점을 시사했다.

이러한 연구를 통해 민주주의가 이슬람교의 가치와 조화를 이루며, 모슬렘 세계에서도 충분히 민주주의를 실현할 수 있다고 결론을 내린다.

아지자 Y. 알히브리

AzizahY. al-Hibri, عزيزة يحيى الهبري

미국, 1943~

니마 다히르(Nima Dahir) 글

아지자 Y. 알히브리

오늘날 갈등과 분열의 국제 정치 환경에 대한 언급 없이는 이슬람 법학 또는 법이론 및 법철학을 이야기할 수 없다. 국제 환경의 특징과 이를 통해 야기되는 주요 문제들은 점점 복잡해지고 있으며, 이 담론은 필연적으로 다층적이다. 따라서 이슬람 법학을 연구하려면 정치적·윤리적·철학적 분석이 필요하다.

많은 사상가들이 다면적이고 섬세한 접근의 필요성을 주장하는 이 시기에, 우리는 위대한 현대 이슬람 철학자인 아지자 Y. 알히브리의 생애와 사상을 살펴보고자 한다. 젠더와 이슬람이 주요 담론이 되고 있는 시대에 알히브리는 여성과 이슬람교 문제를 다룰 수 있는 최고의 학자로 꼽힌다. 그녀의 사상은 현대 철학의 발전에도 크게 기여를 했다.

아지자 Y. 알히브리는 인권과 이슬람 법학을 주로 연구하는 레바논계 미국인 법학교수다. 1966년 베이루트아메리칸대학교 철학과를 졸업했고, 1975년 펜실베이니아대학교에서 철학 박사 학위를 취득했다. 이 학교에서 1985년까지 철학교수로 일하다가 다시 법학을 공부했다. 1992년 리치먼드대학교 로스쿨 부교수가 되면서, 알히브리는 미국에서 법학교수로 활약하는 최초의 모슬렘 여성이 되었다.

알히브리의 연구는 이슬람 법률과 양성평등의 교차점에 초점을 맞추었다. 그녀의 질문은 하나로 집약될 수 있다.

이슬람 법학은 어떻게 21세기와 조화를 이루는가?

그녀는 성평등, 인권과 양립할 수 있는 이슬람 법률을 창조하고 발전시키는 데에 헌신했다.

알히브리는 이슬람 법전과 관련한 작업에서 상당한 업적을 세웠다. 대중을 위해 이슬람법 교리를 명확하게 규정했고, 가부장적 입장에서 종교 경전을 해석한 것을 비평했다. 종교는 어떻게 가부장제의 영향을 받아 해석될 수 있는지를 분석함으로써, 신앙에 근거한 법적 판단을 현대적으로 이해하는 데에 결정적으로 기여했다.

1997년에 발표한 논문 〈이슬람, 법, 관습: 모슬렘 여성의 인권 재정립〉은 여성을 (예컨대 이혼 법, 가정폭력, 일부다처제

عزيزة يحيى الهبري, Azizah Y. al-Hibri

등에 의해) 예속하는 이슬람 법률의 상당수가 가부장적 해석에 기초한다고 (그래서 잘못되었다고) 주장한다. 반대로 실제 이슬람법 전통은 현대 모슬렘 여성의 삶과 신앙을 충분히 반영할 수 있을 만큼 유연하다고 보았다.

이슬람교의 기본 교리는 《쿠란(quřān)》을 알라의 신성하고 영원한 말씀으로 받아들이는 것이다. 따라서 《쿠란》은 모슬렘의 일상에서 제일의 종교 경전으로 받들고 있다. 《쿠란》에서 명확하게 언급되지 않은 사항에 대해서는 모슬렘 법률가들이 선지자 마호메트(Mahomet)의 언행을 기록한 《하디스(Hadîth)》를 참고한다. 《쿠란》과 《하디스》 둘 다 만인 평등을 주장하는데, 그동안 이것은 그 사회의 문화적 관습을 감안한 것으로 해석되어왔다. 하지만 알히브리의 주장은 이와 달랐다.

이슬람 국가들의 법률에는 《쿠란》이나 마호메트의 전통과 충돌하는 문화적 관습이 자리 잡고 있다.

문화와 종교 경전 사이의 혼란은 여성의 자율성을 위협한다. 게다가 종교적 해석에 바탕을 둔 것처럼 보이는 법률에 의문을 제기하는 것을 모두가 두려워해 이러한 혼란을 없애기가 쉽지 않았다. 알히브리는 올바른 종교 교육이 부족해 종교와 문화 사이의 혼란이 계속되었고, 결국 이러한 법 때문에 여성의 예속이 강화되었다고 주장한다.

결정적으로 이슬람교에는 공식 성직자나 가부장적 구조가 존재하지 않는다. 따라서 이슬람 전통에서 필요한 지식을 갖춘 모슬렘이라면 누구나 종교 경전에 대해 저마다의 해석을 내릴 수 있다. 즉 '타당성을 가진 수많은 해석이 존재할 수 있다'는 것이다.

알히브리는 중동 국가에서 성문화된 법전을 다양하게 해석하는 것을 관찰했다. 그리고 이슬람 법학의 관점에서 이 법전들의 타당성을 검토한 뒤, 많은 경우 지나치게 가부장제의 영향을 받고 있다고 결론 내렸다. 이슬람교의 해석은 특정 상황에 적응하려는 의도를 가지고 있다. 종교 경전은 다양한 문화 안에서 유연하게 해석될 수 있는데, 이 때문에 가부장적 문화가 종교 경전을 해석하는 것도 허용된다.

알히브리가 연구한 여성과 이슬람교의 관계는 과거에 뿌리를 두고 있다. 이슬람 역사 내내 다양한 사회적 · 정치적 환경이 이슬람교를 해석하고, 그것을 실천하는 데에 깊은 영향을 미쳤기 때문이다.

عزيزة يحيى الهبري, Azizah Y. al-Hibri

이슬람교는 본디 가부장적이지 않았다. 그러나 일련의 역사적 사건들이 이슬람교의 성격을 가부장적으로 바꾸었다.

이슬람교 출현 이전 시기(자힐리야, 무지의 시대)의 아라비아반도에는 가부장적 전통이 깊이 스며들어 있었다. 여자 유아 살해는 일부다처제만큼이나 흔하게 벌어지는 일상이었다. 알히브리는 1982년에 발표한 논문 〈이슬람 여성사 연구: 어쩌다 우리는 이렇게 난장판이 되었는가?(A Study of Islamic Herstory: Or how did we ever get into this mess?)〉에서 이슬람교는 기존의 가부장적 위계질서를 어떻게 약화시키고 아라비아반도의 문화를 바꾸었는지를 살펴본다.

이슬람교는 가부장적 위계질서를 젠더, 인종, 국가, 민족을 초월해 모든 사람이 평등한 종교적 관계로 대체해냈다. 하지만 마호메트 사후 가부장적 문화가 다시 이슬람교에 침투했다. 따라서 알히브리의 주요 작업은 가부장제의 지배에서 벗어난 이슬람교의 참모습을 밝혀내는 것이었다.

알히브리는 모슬렘 여성과 서양 사상의 관계에 관한 다양한 글도 남겼다. 특히 서양의 페미니즘과 모슬렘 세계, 나아가 모슬렘 여성과의 관계를 다룬 수많은 저작을 출간했다.

그녀는 식민지화가 대안적 종교 신앙이나 문화 가치를 노출시키면서 모슬렘 세계의 기존 사회구조를 상당히 뒤바꿔놓았다고 주장한다. 그렇다고 서양의 가치가 우월하다는 것은 아니다. 오히려 모슬렘 여성들(그리고 실제로 남성들)이 독특한 문화를 유지하면서 사회를 발전시켜나가는 문제에 직면해 있다고 주장한다. 또한 세속적 여성 인권에 초점을 둔 서양 페미니즘은 서양에서도 이슬람 국가에서도 모슬렘 여성에 대해 전혀 고려하지 않는다는 점도 지적한다.

서양의 법사상과 이슬람의 법사상의 관계 역시 알히브리의 관심사다.

유럽 법사상의 대부분은 서양이 이슬람 문명과 접촉하면서 영감을 받았다.

이 같은 주장에 이어 미국 건국 사상과 이슬람교의 가치 사이에 수많은 유사점을 발견하면서, 미국의 법적 기반을 구축하는 데에 이슬람 법학을 차용한 점을 시사했다. 이러한 연구를 통해 알히브리는 민주주의가 이슬람교의 가치와 조화를 이루며, 따라서 모슬렘 세계에서도 충분히 민주주의를 실현할 수 있다고 결론 내린다.

عزيزة يحيى الهبري, Azizah Y. al-Hibri

미국에 거주하는 이슬람 법학자인 알히브리는 오늘날 큰 이슈가 되는 독특한 학문 영역에 자리를 잡았다. 모슬렘 미국인들은 어떻게 거대한 미국의 서사(narrative) 속으로 들어 갈 수 있을까? 미국으로 이주한 레바논 사람으로서 알히브리는 어린 학생 때 미국인이 되고 싶어 했던 열망에 대해 말했다. 그녀의 책은 정교 분리, 민주주의, 헌법상 보장된 모든 인간의 권리와 같은 미국의 가치가 이슬람 전통에도 나타나 있는데, 이것이 학문 연구에 영감을 주었다고 말한 다. 그녀의 학문은 미국의 가치와 이슬람의 가치가 조화를 이룬다는 근본적 믿음에서 비롯되었다.

미국에서 이슬람교도의 위치에 대한 담론이 주목받고 있 는 이 시기에 알히브리의 업적은 그 어느 때보다 중요하다. 그녀는 미국의 정체성과 무슬림의 정체성에는 본질적으로 충돌이 없다는 점을 강조한다. 따라서 많은 미국계 모슬렘 은 자신들도 미국으로부터 유익을 얻고 있지만, 미국도 이 슬람의 가치가 전파되면서 유익을 얻는다는 사실을 잘 알 고 있다.

학문 발전에 큰 기여를 한 알히브리는 자신의 학문 연 구와 현실 세계 사이에 다리를 놓았다. 인권을 위한 모슬 렘 여성 변호사협회인 '카라마(KARAMAH)'를 설립했는데,

이 단체는 모슬렘 여성들의 학식과 리더십으로 자신이 속한 공동체에 긍정적 변화를 불러일으킬 수 있도록 돕고 있다. 또한 〈히파티아: 페미니즘 철학 저널(Hypatia: A Journal of Feminist Philosophy)〉을 창립한 편집자이기도 하다. 이 철학 잡지는 지금까지도 성공적으로 출간을 이어오고 있다.

아지자 Y. 알히브리는 일평생 이슬람 법학의 본질을 이해하고, 그동안 이슬람 법률이 어떤 식으로 모슬렘 여성을 예속했는지 연구했다. 그녀의 연구활동을 통해 이슬람 여성과 그들이 속한 국가(이슬람 국가든 서구 국가든)와의 관계를 다루는 학문적인 대화의 장이 열렸다.

세계는 점점 분열되면서 서양의 가치와 이슬람의 가치를 양단에 대비시키려고 하지만, 알히브리는 그 두 가치 체계 사이에 다리를 놓는 학문 작업을 했다. 이슬람 법학과 페미니즘의 선구자로서 이제껏 비교적 잘 다루지 않던 연구 주제들의 철학적 논의를 활짝 열었다.

나 역시 모슬렘 미국인 여성으로서 알히브리의 혁신적이고 긴요한 학문 작업이 미국이라는 환경 속에서 나의 신앙과 실천을 이해하는 데에 큰 도움이 되고 있다. 특히 종교를 다루는 학문은 해석이 많을수록 발전한다. 알히브리는 훈련된 철학자로서 이슬람 문학에도 중요한 해설을 제공했다. 그녀는 서양과 이슬람의 정치, 법, 역사를 비교하는 작업을 통해 더 풍성한 연구를 위한 장을 마련했다. 알히브리가 철학과 법학에 이바지한 업적은 셀 수 없을 정도로 많고 특별한 의미를 지니고 있다.

디오티마

더 읽을거리

- Allen, R. E., Plato's Symposium, New Haven: Yale University Press, 1991(〈향연〉, 아카넷, 2020)
- Keime, Christian, 'The Role of Diotima in the Symposium: The Dialogue and Its Double', in Gabriele Cornelli (ed.), Plato's Styles and Characters: Between Literature and Philosophy, De Gruyter, 2015, 379-400
- Nails, Debra, The People of Plato: A Prosopography of Plato and Other Socratics, Indianapolis: Hackett Publishing, 2002
- Neumann, Harry, 'Diotima's Concept of Love', American Journal of Philology, Vol. 86(1), 1965, 33-59
- Nye, Andrea, 'The Subject of Love: Diotima and Her Critics', Journal of Value Inquiry Vol. 24, 1990, 135-153
- Nye, Andrea, 'The Hidden Host: Irigaray and Diotima at Plato's Symposium', Hypatia, Vol. 3(3), 1989, 45-61
- Nye, Andrea, Socrates and Diotima: Sexuality, Religion, and the Nature of Divinity, Palgrave Macmillan, 2015

반소

1차 자료

- Swann, Nancy Lee, Pan Chao: Foremost Woman Scholar of China, Ann Arbor: Center for Chinese Studies, University of Michigan, 1932 (republished 2001)
- Tiwald, Justin and Van Norden, Bryan W. (eds.), Readings in Later Chinese Philosophy: Han to the 20th Century, Indianapolis: Hackett, 2014

- Wang, Yanti (eds.) Zhongguo Gudai Nvzuojia Ji, Jinan: Shandong University Press, 1999

더 읽을거리

- Chen, Yu-Shih, 'The Historical Template of Pan Chao's Nū Chieh,' T'oung Pao, Second Series, Vol. 82, 1996, 229 – 257
- Goldin, Paul R., After Confucius: Studies in Early Chinese Philosophy, Honolulu: University of Hawaii Press, 2005
- Lee, Lily Xiao Hong, The Virtue of Yin: Studies on Chinese Women, Sydney: Wild Peony, 1994
- Van Gulik, Robert Hans, Sexual Life in Ancient China: A Preliminary Survey of Chinese Sex and Society from ca. 1500 BC till 1644 AD, Leiden and Boston: Brill, 2002

히파티아
1차 자료

- Scholasticus, Socrates, The Ecclesiastical History, c. 440
- The letters of Synesius, Bishop of Ptolemais, c. 394 – 413
- Damascius, Life of Isidore, c. 530

더 읽을거리

- Deakin, Michael A.B., Hypatia of Alexandria: Mathematician and Martyr, Amherst, 2007
- Dzielska, Maria, Hypatia of Alexandria(Revealing Antiquity), Cambridge: Harvard University Press, 1996 (《히파티아: 고대 그리스가 사랑한 여인》, 우물이있는집, 2002)
- History Chicks Podcast, 'Episode 95: Hypatia of Alexandria'
- Russell, Dora, Hypatia: or, Woman and Knowledge, Folcroft Library Editions, 1976
- Watts, Edward J., Hypatia: The Life and Legend of an Ancient Philosopher, Oxford: Oxford University Press, 2017

랄레슈와리

1차 자료

- Hoskote, Ranjit, (trans.), I, Lalla: The Poems of Lal Ded, New Delhi: Penguin Books, 2011

더 읽을거리

- Kachru, Sonam, 'The Words of Lalla: Voices of the Everyday Wild', Spolia Magazine, The Medieval Issue, No. 5, 2013
- Kak, Jaishree, Mystical Verse of Lallā: A Journey of Self-Realization, Delhi: Motilal Banarsidass, 2007
- Toshkhani, Shashishekhar (ed.), Lal Ded: The Great Kashmiri Saint-Poetess, New Delhi: A.P.H. Publishing Corporation, 2000
- Voss Roberts, Michelle, 〈Power, Gender, and the Classification of a Kashmir Śaiva "Mystic"〉, Journal of Hindu Studies, Vol. 3, 2010, 279-297

메리 애스텔

1차 자료

- Astell, Mary, Political Writings, Patricia Springborg (ed.), Cambridge: Cambridge University Press, 1996
- A Serious Proposal to the Ladies, Patricia Springborg (ed.), Broadview Press, 2002
- The Christian Religion, as Professed by a Daughter of the Church of England, Jacqueline Broad (ed.), 'The Other Voice in Early Modern Europe - The Toronto Series', Vol. 24, 2013
- Astell, Mary, and Norris, John, Letters Concerning the Love of God, E. Derek Taylor and Melvyn New (eds.), Routledge, 2005

더 읽을거리

- Broad, Jacqueline, Women Philosophers of the Seventeenth Century, Cambridge: Cambridge University Press, 2003
- The Philosophy of Mary Astell: An Early Modern Theory of Virtue, Oxford: Oxford University Press, 2015

- Perry, Ruth, The Celebrated Mary Astell: An Early English Feminist, Chicago; London: University of Chicago Press, 1986
- 'Astell, Mary(1666 – 1731), philosopher and promoter of women's education', Oxford Dictionary of National Biography, Oxford: Oxford University Press, 2009
- Sowaal, Alice and Weiss, Penny, (eds.) Feminist Interpretations of Mary Astell, University Park, Pennsylvania: Pennsylvania State University Press, 2016
- Webb, Simone, 'Mary Astell's A Serious Proposal to the Ladies', 1000-Word Philosophy: An Introductory Anthology, 2018

메리 울스턴크래프트
1차 자료

- Wollstonecraft, Mary, Thoughts on the Education of Daughters: With Reflections on Female Conduct, in the More Important Duties of Life, London: Joseph Johnson, 1787
- Mary: A Fiction, 1788, New York: Garland Press, 1974
- Original Stories from Real Life: with Conversations Calculated to Regulate the Affections and Form the Mind to Truth and Goodness, London: Joseph Johnson, 1788
- A Vindication of the Rights of Men, 1790, in Janet Todd (ed.), Political Writings: A Vindication of the Rights of Men, A Vindication of the Rights of Woman and an Historical and Moral View of the French Revolution, (republished by Oxford University Press, 2008)
- A Vindication of the Rights of Woman, 1792, in Todd, 2008 (상동) (여성의 권리 옹호, 책세상, 2018)
- An Historical and Moral View of the Origin and Progress of the French Revolution and the Effect it Has Produced in Europe, 1794, in Todd, 2008 (상동)
- Letters Written During a Short Residence in Sweden, Norway and Denmark, 1795, in Ingrid Horrocks (ed.), Broadview Press, 2013
- Maria or the Wrongs of Woman, fragment, began in 1796. In Godwin 1798

(상동)

- The Memoirs and Posthumous Works of the Author of A Vindication of the Rights of Woman, William Godwin (ed.), London: Joseph Johnson, 1798; Gina Luria (ed.), New York: Garland Press, 1974

더 읽을거리

- Bergès, Sandrine, The Routledge Guidebook to Wollstonecraft's A Vindication of the Rights of Woman, London and New York: Routledge, 2013
- Halldenius, Lena, Mary Wollstonecraft and Feminist Republicanism: Independence, Rights and the Experience of Unfreedom, London: Pickering & Chatto, 2015
- Todd, Janet, Mary Wollstonecraft: A Revolutionary Life, London: Weidenfeld & Nicolson, 2000

해리엇 테일러 밀
1차 자료

- Taylor Mill, Harriet, Complete Works of Harriet Taylor Mill, Jo-Ellen Jacobs (ed.), Indiana, 1998
- Stuart Mill, John, On Liberty, Collected Works XVIII, Toronto, 1977 (《자유론》, 현대지성, 2018)
- Stuart Mill, John, On Marriage, CW XXI, Toronto, 1984
- Stuart Mill, John, Principles of Political Economy, CW II and III, Toronto, 1965
- Stuart Mill, John, Autobiography, CW I, Toronto, 1981 (《존 스튜어트 밀 자서전》, 문예출판사, 2019)

더 읽을거리

- Jacobs, Jo-Ellen, '"The Lot of Gifted Ladies is Hard" A Study of Harriet Taylor Mill Criticism', Hypatia, Vol. 9(3), 1994
- McCabe, Helen H, 'Harriet Taylor Mill', A Companion to Mill, London, Blackwell, 2016

- Miller, David, 'Harriet Taylor Mill', Stanford Encyclopaedia of Philosophy

조지 엘리엇(메리 앤 에반스)
1차 자료
- Eliot, George, Middlemarch, 1871; Penguin, 1994 (《미들마치》, 주영사, 2019)
- Silas Marner, 1861; Penguin, 2003 (《사일러스 마너》, 지식을만드는지식, 2012)

더 읽을거리
- Ashton, Rosemary, George Eliot: A Life, Penguin, 1998
- Carlisle, Clare, 'Introduction' to Spinoza's Ethics, Translated by George Eliot, Princeton University Press, 2019
- Uglow, Jenny, George Eliot, Virago, 1987

에디스 슈타인
1차 자료
- Stein, Edith, On the Problem of Empathy, Waltraut Stein (trans.), Washington, D.C.: ICS Publications, 1989
- Finite and Eternal Being, Kurt F. Reinhardt (trans.), Washington, ICS Publications, 2006

더 읽을거리
- Husserl, Edmund, On the Phenomenology of the Consciousness of Internal Time, John Barnett Brough (trans.); Dordrecht, Boston and London: Kluwer, 1991(이 책의 역사와 슈타인의 공헌을 좀 더 깊이 알고 싶다면 브로가 쓴 서문을 보라) (《에드문트 후설의 내적 시간의식의 현상학》, 서광사, 2020)
- McDaniel, Kris, 'Edith Stein: On the Problem of Empathy', in Ten Neglected Classics of Philosophy, Eric Schliesser (ed.), Oxford: Oxford University Press, 2016

- Ricci, Gabriel R., 'Husserl's Assistants: Phenomenology Reconstituted', History of European Ideas, Vol. 36, 2010, 419–426

해나 아렌트
1차 자료

- Arendt, Hannah, The Origins of Totalitarianism, New York: Harcourt Brace Jovanovich, 1951 (《전체주의의 기원》, 한길사, 2006)
- The Human Condition, Chicago: University of Chicago Press, 1958 (《인간의 조건》, 한길사, 2019)
- Eichmann in Jerusalem: A Report on the Banality of Evil, New York: Viking Press, 1963 (revised and enlarged edition, 1965) (《예루살렘의 아이히만》, 한길사, 2006)
- On Revolution, New York: Viking Press, 1965 (《혁명론》, 한길사, 2004)
- Men in Dark Times, New York: Harcourt Brace Jovanovich, 1968 (《어두운 시대의 사람들》, 한길사, 2019)
- On Violence, New York: Harcourt Brace Jovanovich, 1970 (《공화국의 위기》, 한길사, 2011)

더 읽을거리

- Benhabib, Seyla, The Reluctant Modernism of Hannah Arendt, Thousand Oaks: Sage, 1996
- Bernstein, Richard J., Why Read Hannah Arendt Now, London: Polity Press, 2018 (《우리는 왜 하나 아렌트를 읽는가》, 한길사, 2018)
- Habermas, Jürgen, 'Hannah Arendt: On the Concept of Power', in Philosophical-Political Profiles, London: Heinemann, 1983
- Heller, Anne C., Hannah Arendt: A Life in Dark Times, Amazon Publishing, 2015

시몬 드 보부아르
1차 자료

- De Beauvoir, Simone, She Came to Stay, 1943, Yvonne Moyse and Roger

Senhouse (trans.), London: Harper Perennial, 2006
- Pyrrhus and Cinéas, 1944, Marybeth Timmerman (trans.), Philosophical Writings, Margaret Simons with Marybeth Timmerman and Mary Beth Mader (eds.), Chicago: University of Illinois Press, 2004
- Ethics of Ambiguity, 1948, Bernard Frechtman (trans.), New York: Citadel Press, 1976
- The Second Sex, 1949, Constance Borde and Sheila Malovany-Chevallier (trans.), London: Vintage, 2009 (《제2의 성》, 을유문화사, 2021)
- The Mandarins, 1954, Leonard M. Friedman (trans.), London: Harper Perennial, 2005 (《레 망다랭》, 현암사, 2020)
- Memoirs of a Dutiful Daughter, 1958, James Kirkup (trans.), London: Penguin, 2001

더 읽을거리

- Kirkpatrick, Kate, Becoming Beauvoir: A Life, London: Bloomsbury, 2019 (《보부아르, 여성의 탄생》, 교양인, 2021)
- Simons, Margaret, The Philosophy of Simone de Beauvoir: Critical Essays, Bloomington: Indiana University Press, 2006
- Stanford, Stella, How to Read Beauvoir, London: Granta, 2006 Iris Murdoch

아이리스 머독
1차 자료

- Murdoch, Iris, Sartre: Romantic Rationalist, Cambridge: Bowes and Bowes, 1953
- Murdoch, Iris & Hepbern R. W, Symposium: Vision and Choice in Morality, Proceedings of the Aristotelian Society, Supplementary Volumes, Vol. 30, Dreams and Self-Knowledge, 1956, 14-58
- Murdoch, Iris, 'The Sublime and the Good', Chicago Review, 1959
- The Sovereignty of Good, Routledge & Kegan Paul, 1970 (《선의 군림》, 이숲, 2020)
- Metaphysics as a Guide to Morals, London: Penguin, 1992

더 읽을거리

- Bayley, John, Elegy for Iris, New York: Picador, 1999
- Broackes, Justin (ed.), Iris Murdoch, Philosopher, Oxford: Oxford University Press, 2012
- Conradi, Peter J., Iris Murdoch: A Life, London, W.W. Norton & Co., 2001
- Mac Cumhaill, Clare, and Wiseman, Rachael, In Parenthesis project, Durham University (http://www.womeninparenthesis.co.uk/)
- Nussbaum, Martha, 'When She Was Good', The New Republic, 2001

메리 미즐리
1차 자료

- Midgley, Mary, Beast and Man: The Roots of Human Nature, Routledge Classics, 1979
- Heart and Mind: The Varieties of Moral Experience, Routledge Classics, 1981
- Animals and Why They Matter, University of Georgia Press, 1983
- Evolution as a Religion: Strange Hopes and Stranger Fears, Methuen & Co., 1985
- Science as Salvation: A Modern Myth and its Meaning, Routledge Classics, 1994
- Utopias, Dolphins and Computers: Problem of Philosophical Plumbing, Routledge Classics, 1996
- Science and Poetry, Routledge Classics, 2001
- The Owl of Minerva: A Memoir, Routledge Classics, 2005
- The Solitary Self: Darwin and the Selfish Gene, Routledge Classics, 2010
- The Myths We Live By, Routledge Classics, 2011
- What Is Philosophy For?, Bloomsbury Academic, 2018

더 읽을거리

- Foot, Philippa, Natural Goodness, Clarendon Press, 2001
- Kidd, Ian James and McKinnell, Liz, Science and the Self: Animals, Evolution and Ethics: Essays in Honour of Mary Midgley, Routledge, 2016

- Mac Cumhaill, Clare and Wiseman, Rachael, 'A Female School in Analytic Philosophy: Anscombe, Foot, Midgley and Murdoch', 2018
- Midgley, David, The Essential Mary Midgley, Routledge, 2005
- Warnock, Mary, Women Philosophers, J.M. Dent & Sons Ltd, 1996
- 미즐리와 그녀의 동시대인들에 관한 정보를 얻고 싶다면 인 퍼렌더시스 프로젝트 사이트(http://www.womeninparenthesis.co.uk)를 방문해보세요.

엘리자베스 앤스컴

1차 자료

- Wittgenstein, Ludwig, Philosophical Investigations, Elizabeth Anscombe (trans.), Oxford: Basil Blackwell, 1953
- Anscombe, Elizabeth, Intention, Oxford: Basil Blackwell, 1957; second edition, 1963.
- 'Modern Moral Philosophy', Philosophy, Vol. 33(124), 1 – 19
- An Introduction to Wittgenstein's Tractatus, London: Hutchinson University Library, 1959
- Three Philosophers: Aristotle, Aquinas, Frege, with Peter Geach, Oxford: Basil Blackwell, 2002

더 읽을거리

- Driver, Julia, 'Gertrude Elizabeth Margaret Anscombe', The Stanford Encyclopedia of Philosophy (Spring 2018 edition), Edward N. Zalta (ed.)
- Ford, Anton, Jennifer Hornsby, and Frederick Stoutland (eds.), Essays on Anscombe's Intention, Cambridge, MA: Harvard University Press, 2011
- Teichman, J., Gertrude Elizabeth Margaret Anscombe 1919 – 2001, in Proceedings of the British Academy, Vol. 115, Biographical Memoirs of Fellows, I, British Academy.
- Teichmann, R. (ed.), The Philosophy of Elizabeth Anscombe, Oxford University Press

메리 위녹
1차 자료

- Warnock, Mary, An Intelligent Person's Guide to Ethics, London: Gerald Duckworth & Co. Ltd., 1998
- A Memoir: People and Places, London: Gerald Duckworth & Co. Ltd, 2002
- Making Babies: Is There a Right to Have Children?, Oxford: Oxford University Press, 2003
- Ethics Since 1900, Edinburgh: Axios Press, 2007

더 읽을거리

- Panitch, Vida, 'Global Surrogacy: Exploitation to Empowerment', Journal of Global Ethics, Vol. 9 (3) 2013, 329–43
- Wilkinson, Stephen, 'The Exploitation Argument against Commercial Surrogacy', Bioethics, Vol. 17(2) 2003, 169–187
- Wilkinson, Stephen, 'Exploitation in International Paid Surrogacy Arrangements', Journal of Applied Philosophy, Vol. 33(2), 2016, 125–45
- Wilson, Duncan, 'Creating the "ethics industry": Mary Warnock, in vitro fertilization and the history of bioethics in Britain', Biosocieties, Vol. 6 (20), 2011, 121–141
- Surrogacy Arrangements Act 1985

소피 보세드 올루월레
1차 자료

- Oluwole, Sophie, Readings in African Philosophy, Lagos: Masstech Publishers, 1989
- Witchcraft, Reincarnation and the God Head (Issues in African Philosophy), Excel, 1992
- Womanhood in Yoruba Traditional Thought, Iwalewa–Haus, 1993
- Philosophy and Oral Tradition, Lagos: African Research Konsultancy, 1995
- Democratic Patterns and Paradigms: Nigerian Women's Experience, Lagos: Goethe Institute, 1996
- 'African Philosophy on the Threshold of Modernisation': Valedictory

Lecture, First Academic Publishers, 2007
- African Myths and Legends of Gender (co-authored with J. O. Akin Sofoluwe), Lagos: African Research Konsultancy, 2014
- Socrates and Orunmila: Two Patrons of Classical Philosophy, Lagos: African Research Konsultancy, 2015

더 읽을거리

- Fayemi, Ademola Kazeem, 'Sophie Oluwole's Hermeneutic Trend in African Political Philosophy: Some Comments'. Hermeneia, 2013
- Kelani, Tunde, 'Oro Isiti with Professor Sophie Oluwole' (documentary series), 2016
- Kimmerle, Heinz, 'An Amazing Piece of Comparative Philosophy'. Filosofia Theoretica: Journal of African Philosophy, Culture and Religions, Vol. 3(2), 2014
- Oluwole, Sophie, 'The Cultural Enslavement of the African Mind', in Jeje Kolawole (ed.), Introduction to Social and Political Philosophy, 2001

앤절라 데이비스
1차 자료

- Angela Y. Davis, (ed.), If They Come in the Morning: Voices of Resistance, New Jersey: Third World Press, 1971
- Angela Davis: An Autobiography, New York: Random House, 1974
- Women, Race & Class, New York: Random House, 1981
- Women, Culture & Politics, New York: Random House, 1990
- The Angela Y. Davis Reader, Joy James (ed.), Malden, MA: Blackwell, 1998
- Are Prisons Obsolete?, New York: Seven Stories Press, 2003
- Interview in The Black Power Mixtape 1967–1975, Göran Olsson (dir.), IFC Films, 2011
- The Meaning of Freedom, And Other Difficult Dialogues, San Francisco: City Lights Books, 2012
- Freedom is a Constant Struggle: Ferguson, Palestine and the Foundations of a Movement, Frank Barat (ed.), Chicago: Haymarket Books, 2016

- 'Statement on the Birmingham Civil Rights Institute', January 7 2019

아이리스 메리언 영
1차 자료

- Marion Young, Iris, Justice and the Politics of Difference, Princeton, New Jersey: Princeton University Press, 1990
- Intersecting Voices: Dilemmas of Gender, Political Philosophy and Policy, Princeton, New Jersey: Princeton University Press, 1997
- Inclusion and Democracy, Oxford, New York: Oxford University Press, 2000
- Global Challenges: War, Self-Determination and Responsibility for Justice, Cambridge; Malden, Massachusetts: Polity, 2007
- Responsibility for Justice, Oxford: Oxford University Press, 2011
  Marion Young, Iris, and Jaggar, Alison M. (eds.), A Companion to Feminist Philosophy, Malden, Massachusetts: Blackwell, 2000

더 읽을거리

- Alcoff, Linda M., 'Dreaming of Iris', Philosophy Today, Vol. 52, 2008
- Ferguson, Ann, and Nagel, Mechtild, Dancing with Iris: The Philosophy of Iris Marion Young, Oxford University Press, 2009
- La Caze, Marguerite, 'Iris Marion Young's Legacy for Feminist Theory', Philosophy Compass, Vol. 9(7), 2014

애니타 L. 앨런
1차 자료

- Allen, Anita L., Uneasy Access: Privacy for Women in a Free Society, Rowman & Littlefield, 1988
- Why Privacy Isn't Everything: Feminist Reflections on Personal Accountability, Rowman & Littlefield, 2003
- The New Ethics: A Guided Tour of the Twenty-First Century Moral Landscape, Miramax Books, 2004

- 'Forgetting yourself', in Cudd, Ann E., Andreasen, Robin O., Feminist Theory: A Philosophical Anthology, Oxford, UK; Malden, Massachusetts: Blackwell Publishing, 2005, 352 – 364
- Unpopular Privacy: What Must We Hide? (Studies in Feminist Philosophy), Oxford: Oxford University Press, 2011
- Allen, Anita L. &, and Regan, Jr., Milton C., (eds.) Debating 'Democracy's Discontent': Essays on American Politics, Law, and Public Philosophy, 1998
- Allen, Anita L. Turkington, Richard C and Allen, Anita L. Turkington & Richard C., Privacy Law: Cases and Materials, West Group, 2002

더 읽을거리

- Sosis, Clifford, 'What Is It Like to Be a Philosopher?', September 2017 http://www.whatisitliketobeaphilosopher.com/anita-allen
- Yancy, George, 'The Pain and Promise of Black Women in Philosophy', June 2018 https://www.nytimes.com/2018/06/18/opinion/black-women-in-philosophy.html
- Yancy, George, African-American Philosophers: 17 Conversations, New York: Routledge, 1998

아지자 Y. 알히브리

1차 자료

- Al-Hibri, Azizah Y., Women and Islam, Pergamon Press, 1982
- 'A Study of Islamic Herstory: Or How Did We Ever Get Into This Mess?' In Women's Studies International Forum, Vol. 5(2), 1982, 207 – 219
- Islamic Constitutionalism and the Concept of Democracy, Case W. Res. j. Int'l L., 24, 1992
- 'Islam, Law and Custom: Redefining Muslim Women's Rights', American University International Law Review, Vol. 12 (1), 1997, 1 – 44
- 'Islamic and American Constitutional Law: Borrowing Possibilities or a History of Borrowing?', U. Pa. J. Const. L., 1, 492, 1998
- 'Is Western Patriarchal Feminism Good for Third World/Minority Women?', in Is Multiculturalism Bad for Women? by Susan Moller Okin,

Princeton University Press, 1999

- 'An Introduction to Muslim Women's Rights', in Windows of Faith: Muslim Women Scholar-Activists in North America, Gisela Webb (ed.), Syracuse University Press, 2000
- 'Muslim Women's Rights in the Global Village: Challenges and Opportunities', Journal of Law and Religion, Vol. 15, 2001, 37 – 66

더 읽을거리

- Al-Hibri, Azizah Y., Carter, S., Gabel, P. and O'Hare, J., Panel Discussion: Does Religious Faith Interfere with a Lawyer's Work? Fordham Urban Law Journal, Vol. 26, 1999, 985 – 1018
- Interview with Azizah Y. al-Hibri, on NOW with Bill Moyers, New York: WNET, 2002
- Haddad, Yvonne Y., 'The Post-9/11 "Hijab" as Icon', Sociology of Religion, Vol. 68(3), 2007, 253 – 267

철학사에는 (수천 명까지는 아니더라도) 수백 명의 여성 철학자가 등장하지만, 이 책에서는 단 20명밖에 다루지 못했다. 그래서 더 공부하거나 읽어볼 만한 여성 철학자들을 이곳에서 추천한다.

가르기 바차크나비(Gargi Vachaknavi)

테미스토클레아(Themistoclea)

크로톤의 테아노(Theano of Croton)

마로네이아의 히파르키아(Hipparchia of Maroneia)

메가라의 니카레테(Nicarete of Megara)

키레네의 프톨레마이스(Ptolemais of Cyrene)

루카니아의 아이사라(Aesara of Lucania)

사도온(謝道韞)

알렉산드리아의 성 카타리나(Saint Catherine of Alexandria)

에페수스의 소시파트라(Sosipatra of Ephesus)

아이데시아(Aedesia)

엘로이즈 다르장퇴유(Héloïse d'Argenteuil)

힐데가르트 폰 빙엔(Hildegard of Bingen)

아카 마하데비(Akka Mahadevi)

시에나의 성 카타리나(Saint Catherine of Siena)

툴리아 다라고나(Tullia d'Aragona)

아빌라의 테레사(Teresa of Ávila)

모데라타 폰테(Moderata Fonte)

바슈아 메이킨(Bathsua Makin)

안나 마리아 판 스후르만(Anna Maria van Schurman)

캐서린 트로터 콕번(Catharine Trotter Cockburn)

보헤미아의 엘리자베스(Elisabeth of Bohemia)

마거릿 캐번디시(Margaret Cavendish)

앤 콘웨이(Anne Conway)

가브리엘 수숑(Gabrielle Suchon)

후아나 이네스 델라크루즈 수녀(Sor Juana Inés de la Cruz)

대머리스 머샴(Damaris Masham)

래널라 부인(캐서린 존스) (Lady Ranelagh(Katherine Jones))

에밀리 뒤 샤틀레(Émilie du Châtelet)

올랭프 드 구주(Olympe de Gouges)

소피 드 콩도르세(Sophie de Condorcet)

메리 셰퍼드 부인(Lady Mary Shepherd)

나나 아스마우(Nana Asma'u)

페루의 플로라 트리스탕(Flora Tristán of Perú)

빅토리아 웰비(Victoria Welby)

아이다 B. 웰스(Ida B. Wells)

올가 한노이라트(Olga Hahn-Neurath)

수전 스테빙(Susan Stebbing)

헬레네 메츠거(Hélène Metzger)

수전 랭거(Susanne Langer)

소피아 야놉스카야(Sofya Yanovskaya)

마리아 코코진스카루트마노와(Maria Kokoszyńska-Lutmanowa)

마거릿 맥도널드(Margaret MacDonald)

시몬 베유(Simone Weil)

마거릿 매스터만(Margaret Masterman)

엘리자베스 레인 비어즐리(Elizabeth Lane Beardsley)

필리파 풋(Philippa Foot)

루스 버컨 마커스(Ruth Barcan Marcus)

베레나 후버다이슨(Verena Huber-Dyson)

실비아 윈터(Sylvia Wynter)

주디스 자비스 톰슨(Judith Jarvis Thomson)

버지니아 헬드(Virginia Held)

아멜리에 로티(Amélie Rorty)

수전 손택(Susan Sontag)

오드리 로드(Audre Lorde)

마거릿 P. 배틴(Margaret P. Battin)

애니타 실버스(Anita Silvers)

이시구로 히데(石 ひで)

도로시 에징턴(Dorothy Edgington)

우마 차크라바티(Uma Chakravarti)

오노라 오닐(Onora O'Neill)

세라 브로디(Sarah Broadie)

가야트리 차크라보티 스피박(Gayatri Chakravorty Spivak)

퍼트리샤 처치랜드(Patricia Churchland)

로절린드 허스트하우스(Rosalind Hursthouse)

낸시 카트라이트(Nancy Cartwright)

수전 핵(Susan Haack)

수전 몰러 오킨(Susan Moller Okin)

에바 키테이(Eva Kittay)

린다 자그쳅스키(Linda Zagzebski)

마사 누스바움(Martha Nussbaum)

아드리아나 카바레로(Adriana Cavarero)

퍼트리샤 힐 콜린스(Patricia Hill Collins)

마거릿 어반 워커(Margaret Urban Walker)

게일 파인(Gail Fine)

샐리 해슬랭어(Sally Haslanger)

세일라 벤하비브(Seyla Benhabib)

크리스틴 코스가드(Christine Korsgaard)

벨 훅스(Bell hooks)

수전 울프(Susan Wolf)

진 햄프턴(Jean Hampton)

로지 브라이도티(Rosi Braidotti)

주디스 버틀러(Judith Butler)

엘리자베스 앤더슨(Elizabeth Anderson)

크리스티나 샤프(Christina Sharpe)

레이 랭턴(Rae Langton)

앤지 홉스(Angie Hobbs)

미란다 프리커(Miranda Fricker)

자스비르 푸아르(Jasbir Puar)

제니퍼 솔(Jennifer Saul)

사라 아메드(Sara Ahmed)

세실 파브르(Cécile Fabre)

캐서린 소피아 벨(Kathryn Sophia Belle)

케이트 만(Kate Manne)

감사의
말

우리가 지역 서점을 돌아다니며 실망감에 빠진 후 이 책 《처음 읽는 여성 철학사》의 기획 아이디어를 처음 얻었을 때부터 출간에 이르기까지, 지난 2년간 많은 분의 도움이 없었다면 책을 준비할 수 없었을 것이다. 이 짧은 지면에 도와주신 분들을 모두 소개할 수 없어 아쉽지만, 그래도 꼭 언급해야만 하는 분들이 있다.

먼저 이 책을 위해 크라우드펀딩에 참여해주신 모든 분께 감사드린다. 이 책은 펀딩 참여자분들의 믿음과 격려 덕분에 탄생하게 되었고, 우리는 여러분과 이 여정을 함께하게 된 것을 진심으로 행운이라고 생각한다.

이 프로젝트는 언바운드출판사의 여성 드림팀 케이티 게스트, 디앤드라 루푸, 조지아 오드, 그리고 재능이 뛰어난 일러스트레이터 에미 스미스의 지원과 우정이 없었다면 불가능했을 것이다. 우리가 책을 끝까지 준비할 수 있도록 열정을 보여주고 기회를 준 것에 깊이 감사한다. 초안을 엄격하게 감수하고 쉽게 읽히도록 검토해주신 킴 헤닝센, 사만타 로즈 힐, 메리 타운센드, 테오 크웩, 미아 통, 제이드 (응옥) 후인 선생님께도 감사의 말씀 전한다. 앨런 교수님이 앤절라 데이비스 챕터를 집필할 수 있도록 도와준 비벡 켐바이얀 선생님께도 감사드리고 싶다.

늘 그렇듯 이런 프로젝트는 가족이나 친구와 함께하는 모험이다. 훌륭한 부모님, 가족, 동료, 친구를 비롯해 우리의 두려움과 좌절, 흥분을 옆에서 묵묵히 들어준 모든 분께 감사드린다.

우리의 삶 속에서 끊임없이 영감의 원천을 제공해주는 용감한 여성들에게도 감사드린다. 리베카는 항상 지지와 격려, 기쁨의 원천인 이반에게 감사를 표한다. 리사는 어머니인 체릴과 언니 알리에게 최초이자 가장 소중한 페미니스트의 롤모델이 되어준 것에 감사한다.

마지막으로 우리의 첫 철학 과목 선생님인 매슈 켈리와 개브리엘 크리스프에게 감사의 말씀을 전한다. 이분들이 아니었다면, 그리고 이분들에게 철학을 배우면서 우정을 쌓지 않았다면, 우리는 지금까지도 철학을 공부하지도 않았을 테고 그렇다면 지금의 이 책도 쓰지 않았을 것이다.

저자 소개

조이 알리오지(Zoi Aliozi)

인권학자이자 인권활동가다. 전문 철학자이면서 국제 인권변호사로 활동하고 있다. 관심 연구 분야는 인권, 법률, 철학, 행동주의, 페미니즘, 기후변화, 미학, 예술, 영화 등이다.

애니타 L. 앨런(Anita L. Allen)

펜실베이니아대학교 로스쿨의 법학 및 철학교수다. 사생활보호법, 사생활철학, 생명윤리 전문가이며, 법철학, 여성 인권, 인종 관계 등을 연구하는 학자다.

굴자르 반(Gulzaar Barn)

영국 킹스칼리지 런던의 박사후 연구원이다. 이전에는 버밍엄대학교 철학 강사를 지냈고, 옥스퍼드대학교에서 철학 박사 학위를 받았다. 박사 과정 때는 생의학연구지원재단인 웰컴 트러스트(Wellcome Trust)에서 장학금을 받았으며, 이때 런던 웨스트민스터의 의회과학기술국(POST)에서 연구원으로 활동했다.

산드린 베르제(Sandrine Bergès)

빌켄트대학교의 부교수다. 여성 철학자들의 중요한 문헌을 다시 교육과 연구에 도입하는 국제 그룹 프로젝트 복스(Project Vox)와 뉴 내러티브 프로젝트(New Narrrative Project)의 회원이다. 여성 철학자 연구를 위한 터키-유럽 네트워크의 공동 설립자이기도 하다.

리베카 벅스턴(Rebecca Buxton)

옥스퍼드대학교 대학원 철학 박사 과정 학생으로 정치철학과 강제 이주를 공부하고 있다. 난민과 이주민의 정치적 권리가 주요 관심 분야다. 킹스칼리지 런던에서 철학 학사 학위를 받았고, 옥스퍼드대학교에서 '난민과 강제 이주 연구'를 전공해 석사 학위를 받았다.

클레어 칼라일(Clare Carlisle)

킹스칼리지 런던의 철학 및 신학교수다. 케임브리지대학교 트리니티칼리지에서 공부하고 1998년에 철학 학사를, 2002년에 철학 박사 학위를 받았다. 이후 키르케고르를 다룬 책 네 권을 집필했고, 라베송 몰리앵(Jean Gaspard Félix Lacher Ravaisson-Mollien)의 《습관(De l'habitude)》을 최초로 영역했다.

해나 카네기아버스넛(Hannah Carnegy-Arbuthnott)

정치철학, 도덕철학, 페미니즘철학을 주로 연구한다. 유니버시티칼리지 런던에서 철학 석사 및 박사 학위를 마치고, 스탠퍼드대학교 사회윤리센터와 몬트리올 윤리연구센터에서 박사후 연구원을 지냈다.

일한 다히르(Ilhan Dahir)

옥스퍼드대학교에서 글로벌거버넌스와 외교학으로 두 번째 석사 과정을 밟고 있는 작가이자 연구자다. 2016년 로즈 장학금(Rhodes Scholarship)을 받았고 2017년 '난민과 강제 이주 연구'를 전공해 석사 학위를 받았다.

니마 다히르(Nima Dahir)

스탠퍼드대학교에서 이민자 사회의 불평등을 연구하는 사회학 박사 과정 대학원생이다. 오하이오주립대학교에서 수학과 경제학을 전공하고 우등으로 졸업했다. 이전에는 뉴욕 연방준비은행에서 분석가로 일했다. 젊은 성인 난민들을 멘토링하는 활동단체 레퓨지(Refuge)의 공동 설립자다.

제이 헤털리(Jae Hetterley)

워릭대학교 철학과 대학원생이다. 주요 연구 분야는 형이상학과 현상학의 역사로, 특히 이마누엘 칸트와 마르틴 하이데거에 관심이 많다. 또한 현상학이 소수 집단의 살아있는 경험을 이해하는 방법론으로 어떻게 활용될 수 있는지 분석하는 데에 흥미를 두고 있다.

케이트 커크패트릭(Kate Kirkpatrick)

옥스퍼드대학교 리젠트파크칼리지에서 철학과 기독교윤리연구원으로 활동하고 있다. 이전에는 킹스칼리지 런던에서 종교와 철학, 문화를 가르치는 강사였다. 옥스퍼드대학교 여성학 석사 과정에서 '시몬 드 보부아르의 철학과 페미니즘'을 가르쳤고, 보부아르와 사르트르, 실존주의에 관한 책과 논문을 출간했다.

데지레 림(Désirée Lim)

펜실베이니아주립대학교 철학과 조교수이며, 로크 윤리연구소의 연구원이기도 하다. 스탠퍼드대학교 사회윤리센터의 박사후 연구원을 지냈다. 2016년 킹스칼리지 런던에서 철학 박사 학위를 받았다.

에바 키트 와 만(Eva Kit Wah Man)

홍콩 침례대학교 종교 및 철학교수다. 홍콩 중문대학교에서 철학 석사 학위를 받고 중국 미학을 전공해 중국학 박사 학위를 받았다.

헬렌 매케이브(Helen McCabe)

노팅엄대학교 정치학 조교수다. 연구 분야는 존 스튜어트 밀의 정치철학이고, 특히 마르크스 이전 사회주의와 밀의 연관성에 관심을 갖고 있다. 2018년 노팅엄대학교에서 실시하는 강제 결혼에 관한 프로젝트 '일회용 신부(Disposable Brides)'의 디렉터였다.

페이 니커(Fay Niker)

스코틀랜드 스털링대학교 철학과 조교수다. 사회 및 정치 철학과 응용 윤리를 연구하고 있다. 스탠퍼드대학교 사회윤리센터 박사후 연구원을 지냈고, 워릭대학교에서 정치학 박사 학위를 받았다.

엘리 롭슨(Ellie Robson)

더럼대학교에서 철학 석사 과정을 밟고 있고 같은 학교에서 학부 과정을 마쳤다. 윤리적 자연주의와 인간 본성을 탐구하면서, 메리 미즐리의 철학을 중심으로 20세기 여성 철학자들을 연구하고 있다.

민나 살라미(Minna Salami)

나이지리아계 핀란드 저널리스트다. 2010년부터 운영한 블로그 MsAfropolitan을 통해 아프리카 페미니즘문제, 아프리카 디아스포라, 나이지리아 여성에 관한 정보를 대중에게 전하고 있다.

샬리니 신하(Shalini Sinha)

영국 리딩대학교에서 비(非)서양 철학을 가르치는 철학 강사다. 서섹스대학교에서 박사 학위를 받았고 요크대학교와 SOAS 런던대학교 (School of Oriental and African Studies)에서 철학을 가르쳤다. 연구 분야는 인도 철학이며, 특히 힌두교 및 불교의 형이상학과 윤리학, 마음철학, 행위철학에 관심이 많다.

시몬 웹(Simone Webb)

유니버시티칼리지 런던에서 젠더학 박사 학위를 받았다. 메리 애스텔의 철학을 프랑스 사상가 미셸 푸코(Michel Foucault)의 후기 윤리학과 연결시키면, 현대 페미니즘운동에 유용한 지침을 제공할 뿐만 아니라 양자가 서로를 분명히 드러낼 수 있다고 주장한다. 근세 철학, 푸코의 윤리학, 피에르 아도(Pierre Hadot)의 '삶의 방식으로서 철학'에 관심이 있고, 스튜어트 로(Stuart Low) 트러스트 철학 포럼에서 정기적으로 자원봉사하면서 공공철학 및 공동체철학에도 헌신하고 있다. 옥스퍼드대학교에서 철학, 정치학, 경제학을 전공했고, 같은 대학 여성학 석사 학위를 받았다.

리사 화이팅(Lisa Whiting)
실천 윤리 관련 분야에서 활동하는 정책 연구원이다. 현재 데이터윤리 및 혁신센터에서 일하고 있다. 더럼대학교에서 철학 학사 학위를 받았고, 버벡대학교에서 정부와 정책, 정치학을 전공해 석사 학위를 받았다.